FRAGMENS.

Paris. — Imprimerie de P. BAUDOUIN, rue Mignon, 2.

inv. et del
Imp. de Lemercier A Paris

FRAGMENS.

NAPLES & VENISE.

AVEC CINQ DESSINS

Par C. Gudin et E. Isabey.

Paris,

JULES LAISNÉ, LIBRAIRE-ÉDITEUR,

Passage Véro-Dodat.

1856.

Aux rochers de Naples une noire poussière,
aux murs du Capitole quelques marbres
brisés ; voilà pour l'Italien insouciant les
seuls restes du génie de Rome et du courage des Romains!

Loève-Veimars.

Je les ai vus ces objets réels, ou peut-être
je les ai rêvés... N'y pensons plus... Pourquoi s'offriraient-ils à mes yeux comme la
vérité, pour disparaître ensuite comme des
songes ?

Lord Byron (Childe Harold).

INTRODUCTION.

Ce n'est qu'après une longue hésitation que je me suis décidée à mettre en ordre et à publier ces souvenirs.

L'Italie! Tant de voyageurs l'avaient déjà parcourue! tant d'artistes et de savans avaient apprécié ses chefs-d'œuvre! tant de philoso-

phes et de moralistes avaient étudié ses peuples et ses lois! Elle avait été l'objet de tant
d'ouvrages, où l'on a dessiné sa grande physionomie sous toutes les faces les plus sail-
lantes, où l'on a peint ses beautés, où l'on
a dit ses pompes et ses deuils, sa grandeur
et son abaissement, que, lorsque ma plume
jeta sur le papier le reflet de mes impressions journalières, il était bien loin de ma
pensée que ces notes rapides dussent un jour
passer de mon portefeuille, où elles étaient
négligemment confondues, sous la presse de
l'imprimeur, et former dans leur ensemble
un volume qui serait lu par d'autres yeux que
par les miens.

En effet, qu'ai-je à dire de cette Italie, dont
le sol, dont les magnificences, dont les édifices, dont les populations sont devenues en
quelque sorte la propriété de ces myriades
d'étrangers qui ont creusé tous ses chemins,
exploré tous ses trésors, pénétré dans toutes
ses misères! qu'ai-je à dire?

Est-il un seul de ses monumens, depuis les ruines grecques de Catane et de Sélinonte, baignées par les eaux du midi jusqu'aux traces stratégiques qu'a laissées dans la partie septentrionale le passage de nos armées? est il un seul coin de cette terre sacrée qui n'ait été cent fois peint, décrit et toisé? est-il une seule couche de poussière, depuis celle des adorateurs de Jupiter tonnant jusqu'à celle des premiers chrétiens, que l'histoire n'ait remuée, et dont elle n'ait fait surgir les hommes et les événemens pour les placer devant le tribunal de la postérité?

On a tout interrogé, tout fouillé, tout dit; on a repris et refait, sa biographie et sa statistique; on l'a dépouillée de tous ses vêtemens pour voir de plus près son organisation intellectuelle et matérielle. Les bandits qui jetèrent les fondemens de la ville éternelle, les papes dont la crosse d'or brisa le fragile bâton des augures, nos soldats vainqueurs inoculant au-delà des Alpes l'amour de la gloire et de la liberté, n'ont-ils pas tour à tour occupé cent historiens? n'ont-ils pas rempli de leurs noms fameux des milliers de volumes? Rien n'a été oublié. Et Rome, avec ses faisceaux consulaires, avec sa thiare et son sceptre pastoral, est devenue le but de toutes les études mensongères ou vraies, pittoresques ou bizarres, de cette foule d'écrivains cosmopolites que chaque printemps pousse inévitablement vers elle. Ni ses arts, ni ses croyances, ni ses marbres, ni ses champs historiques, ni ses prêtres, ni ses guerriers, n'ont échappé à l'investigation minutieuse de ces *ciceroni* improvisés. Ils sont entrés dans d'autant plus de détails, qu'ils étaient pour la plupart inoccupés, et que leur curiosité satisfaite, il a fallu satisfaire à leur indiscrétion.

J'aurais dû par cette raison, et à cause de cela même sans doute, déchirer ces feuillets qui, dans ma pensée première, ne devaient plus tard que servir de jalons à mes souvenirs. Mais non, je ne l'ai point fait, et j'en dois expliquer nettement ici la cause.

Tout ce qui a été publié sur l'Italie est si complètement en désaccord avec ce que m'a fait éprouver l'aspect de cette riche contrée, qu'en vérité il m'a semblé que tout ce que j'avais lu sur ce pays, que tout ce que j'en avais entendu dire était hors du vrai et susceptible de rectification. Cela se conçoit, savans, archéologues, peintres, poètes, législateurs, tous ceux qui ont écrit sur l'Italie l'ont vue sous l'empire de leurs préoccupations individuelles. Les uns ne l'ont étudiée qu'à travers leurs convictions classiques; les autres, avec un enthousiasme (qu'on doit bien au reste leur pardonner), ne l'ont contemplée que sous le prisme décevant de poétiques souvenirs; les derniers enfin ne l'ont jugée qu'avec l'inflexible rigueur d'un esprit austère et méditatif.

Moi, je me suis trouvée, par ma position personnelle, par la nature de mes habitudes, en dehors de ce cercle de préoccupations exclusives. Aucun lien n'a retenu ma plume, aucun système n'a pesé sur ma raison. En face des merveilles que m'a offert ce sol où toutes les gloires ont planté leurs bannières et dressé leurs trophées, je me suis abandonnée à mes seules émotions!

J'ai plus senti qu'observé, on le verra aisément dans ces esquisses éphémères. Là, climat, ciel, monumens, peuple, usages, costumes, tout est venu se confondre sans ordre et sans calcul, comme tout est venu se dessiner à mes yeux et retentir instantanément sur mon ame!

Ce volume ne peut donc intéresser ni la science ni l'art : ils n'y trouveraient aucun enseignement. Qu'ont-ils à apprendre en effet des sensations fugitives et souvent contradictoires sous l'influence desquelles ma plume a marché sans contrainte et sans réflexion?

Dois-je le dire ici? j'entrepris ce voyage comme la diversion la plus puissante offerte au malheur. La perte de l'être qui m'était le plus cher venait de briser ma vie ! Tout un avenir de ce bonheur que promettent les plus douces affections venait de s'éteindre pour moi ! L'on ne s'étonnera donc point de trouver une teinte générale de tristesse répandue sur ces pages ; car mon cœur était trop déchiré et mes yeux avaient trop de larmes pour qu'il n'en soit pas resté des traces sur l'album où chaque soir je déposais mes pensées les plus intimes ! Non, je n'aurais pu donner une couleur toujours riante à ce beau pays, car je ne l'ai vu jamais qu'à travers un voile de deuil.

Et cependant l'avouerai-je ? J'ai trouvé peut-être dans ce voyage le seul allégement qu'y cherchât ma douleur. Qui n'a pas éprouvé l'efficacité d'un voyage sur les chagrins les plus vifs et les plus poignans ! Ne semble-t-il pas que chaque pas dans un pays nouveau, amène une pensée nouvelle ; une pensée de vie qui succède, comme malgré nous, à une pensée de mort? A l'aspect d'une contrée neuve, où les sites les plus variés se déploient, où les populations les plus pittoresques s'agitent, les regrets se compriment; ils se taisent même, tant la nature est puissante! tant elle est ingénieuse à guérir les maux qu'elle enfante en obéissant à l'immuable volonté de Celui qui créa tout, et qui détruit tout!

Oui, je le repète, il n'y a que les voyages pour dissiper le paroxisme d'une affliction profonde; malheur à celui que la nécessité fixe sur le seuil de la fosse où est descendu l'objet de son adoration filiale! Là, la douleur est incurable; parmi les habitudes d'une vie sédentaire et monotone, elle appuie son sceptre de plomb sur votre esprit et sur votre cœur; là, elle ne vous offre plus qu'un terrible avenir dépouillé de toutes les joies et de toutes les félicités; là, elle ne vous laisse plus qu'une pierre funéraire où tout vient se briser, tout... jusqu'à l'espérance!

J'ai relu ces souvenirs si pleins de mélancolie, et ce n'est qu'après des répugnances sincèrement exprimées que j'ai, je le déclare ici, sans-aucune arrière-pensée, cédé aux instances de quelques amis qui m'ont engagée à ne pas les rendre seuls confidens de l'emploi de mes journées en Italie : il m'a donc fallu revoir des ébauches dont j'ai eu quelque peine à ressaisir les traits déjà effacés. Je ne sais si ce travail, qui ne m'a point déplu pourtant, aura quelque intérêt et si l'on me tiendra compte d'une docilité qui m'a fait accepter une entreprise toujours périlleuse; affronter la publicité ! Y ai-je bien songé?

[illegible]
[illegible]
[illegible]
[illegible]
[illegible]
[illegible]
[illegible]
[illegible]
[illegible]
[illegible]
[illegible]
[illegible]
[illegible]
[illegible]
[illegible]

NAPLES.

FRAGMENS.

NAPLES.

I.

23 octobre 183...

Vedère Napòli poi morire!... Qui ne dirait plutôt voir Naples et y vivre! pouvoir jouir tous les jours d'un spectacle grand et varié, où la nature a rassemblé tous ses prodiges; pouvoir porter ses regards, tantôt sur cette ville éclatante de blancheur, planant au-dessus de ses collines et de son golfe azuré;

tantôt sur ses palais d'architecture orientale , sur leurs terrasses verdoyantes qui donnent à chaque jour l'aspect d'une fête nouvelle ; tantôt enfin sur ce golfe dont les eaux bleues viennent, avec un lent murmure, se jouer et mourir sur la plage ; pouvoir de l'œil embrasser la vaste mer qui sert de cadre à ce merveilleux tableau, dont l'horizon flotte indécis entre la double immensité du ciel et des vagues.

A chaque heure, s'arrêter sur la rive , suivre la barque du pêcheur, l'observer dans sa marche incertaine ou rapide, et chercher, long-temps encore, après l'avoir perdue de vue, sa voile blanche , dans l'espace infini ; contempler silencieusement la mer ; sentir intimement toute la poésie des scènes diverses dont elle est le mobile théâtre ; sourire à la sérénité du ciel et au repos des eaux ; frémir à l'aspect des nuages et des flots irrités, poussés par les vents en furie ; s'identifier enfin avec tous les accidens de cette mer, où le calme et la tempête règnent tour à tour, comme dans la vie de l'homme les jours heureux et malheureux, les douleurs souvent bien longues et les joies toujours si fugitives.

Et puis, gagnant les hauteurs, voir sous ses pieds cette riche campagne de Naples et ce Vésuve, idole du peuple qu'il menace sans cesse, couronné de son panache de fumée ou de son aigrette de feu ; n'est-ce pas là un de ces ineffables plaisirs, dont l'ame est toujours avide et toujours étonnée ? Ah ! ce n'est qu'à Naples que ce plaisir est complet, et que l'admiration devient un besoin impérieux ; car là tout est beau, tout est neuf, tout est grand !

Sur les bords du golfe, s'élevant en amphithéâtre, Naples apparaît entourée d'une ceinture d'orangers et de myrtes que l'hiver ne flétrit jamais. C'est sous les avenues mystérieuses de ces jardins rians qu'il faut, pendant les heures fraîches du matin, aller chercher de douces rêveries et le bonheur de vivre avec soi-même au sein d'une nature si belle. Le chant des oiseaux s'unit au murmure de la mer ; il forme avec ses vagues mugissemens, et le léger frémissement des fleurs et des rameaux que la brise caresse, une de ces délicieuses harmonies dont le retentissement va de la terre au ciel !

Et si l'on quitte ce repos bocager, on trouve plus

loin la cité bruyante, et ses quais mouvans, ses carrefours embarrassés, ses places encombrées ; l'on trouve cette rue de Tolède (1), la plus étourdissante de toutes les rues ; cette rue dont les dalles sonores semblent devoir s'abîmer incessamment sous les pieds de la foule empressée, qu'on dirait, à sa préoccupation agitée, n'avoir plus qu'un jour, qu'une heure, qu'une minute à elle. Là, que de personnages, de rangs et de costumes divers, se poussent, se heurtent pour s'ouvrir un passage ou se le disputer : c'est vraiment un singulier spectacle! Quel contraste offre, dans ce conflit journalier, l'élégance et les manières gracieuses d'une jeunesse riche et fashionable, avec l'orgueil cynique de la plèbe en haillons, qui la coudoie, indifférente et fière ; celle-ci ne veut qu'une place au soleil, le soleil est sa propriété, elle n'en a point d'autre ; mais elle la veut tout entière ; malheur à qui lui contesterait ce privilége.

La vue de tant d'images disparates, et formant dans leur ensemble un tableau si plein d'épisodes et si

(1) *La strada di Toledo.*

nouveau pour moi, m'eût bientôt déterminée à passer quelques jours à Naples. Après d'assez longues recherches, j'allai me réfugier dans un casino situé au Pausylippe. Il me fallait de la paix et du silence : là, je trouvais ces deux conditions. Rien n'y devait troubler, rien n'y troubla en effet les douceurs d'une existence solitaire et contemplative, dont je sentais impérieusement le besoin.

Me voilà donc dans ma retraite : j'ai devant moi Chiaja avec ses palais; les bosquets de la Villa-Réale, la mer et le Vésuve!... Est-ce un rêve? est-ce une féerie!... Cette ville, qui s'élève resplendisante; ces flots où se mire un ciel pur; cet air si tiède et si parfumé; cette lumière éclatante qui donne à chaque objet tant de relief et tant de couleur; quoi! tout cela est à moi! Je ne suis point abusée par quelque prestige mensonger? Quoi! tout ce que je vois, tout ce que j'admire existe en effet? La nature et l'art ont donc rivalisé de puissance et de générosité pour doter ces lieux des plus rares merveilles.

Le matin, j'ai vu le soleil se lever, dissiper les

brumes légères et répandre dans l'atmosphère une poussière d'or.

Le soir, j'ai suivi de l'œil le pêcheur de nuit : la lumière tremblotante de sa barque scintillait seule au milieu de l'obscurité ; on eût dit une étoile égarée dont les pâles rayons glissaient sur les eaux.

Il est minuit ! c'est l'heure où la nature et la pensée sommeillent, et pourtant je ne puis dormir ! Mon imagination trop frappée des impressions de la journée, me les reproduit encore toutes pleines d'enchantement.

J'ouvre ma fenêtre, et là, dans un recueillement dont je voudrais en vain peindre la suavité, je contemple le tableau nouveau que m'offre cette nuit calme et belle : la lune ne l'éclaire point encore ; l'ombre enveloppe la terre, et la mer seule, dans sa transparence mystérieuse, semble rappeler les derniers adieux du jour ; Capri forme à peine un point dans l'espace, tout est vague et sans limites dans cette scène nocturne. La nature est sans voix, et Naples elle-même, couchée dans cette profonde obscurité, garde un grave silence; de temps en temps quelques bruits plaintifs, quelques sons inarticulés, incohérens, glissent seulement dans l'air et disent que la cité se réveillera bientôt. L'aube ne tardera point à rendre le mouvement et la vie à la ville et à ses habitans; les mêmes plaisirs, les mêmes peines, les mêmes intérêts qui les occupèrent aujourd'hui, demain les occuperont encore. Mais la brise de son souffle odorant rafraîchit mes yeux et mes pensées, et je veux jouir des derniers instans de cette bienfaisante nuit! Oh! qu'il est admirable ce tableau silencieux! quelle est sublime sa poésie! oui, c'est le site que souvent mon imagination se créa; oui, c'est le lieu que j'ai cent fois rêvé, et je me surprends à redire : Voir Naples et y vivre!

II.

24 octobre 183...

Je ne puis résister au désir de tracer en quelques lignes l'ébauche de la vue qui se déroule devant moi.

Naples se montre au fond de la baie : des forts la protègent en s'avançant dans la mer. Du sommet du Vésuve, une fumée, tour à tour compacte ou vapo-

reuse, s'échappe et se dissipe dans les airs. Portici,
Torre-del-Greco, Torre-del-Annunziata, villes
nées de sa lave, reposent à ses pieds, tandis que plus
loin, ravies à ses cendres, apparaissent Stabia et
Pompéia, avec leur majesté antique. A l'horizon,
l'île de Capri dessine sur l'azur du ciel ses lignes élégantes; et couverts d'une multitude de voiles blanches qui, semblables à une nuée de mauves et de
goëlands, se perdent dans le vide, les flots transpa-
rens s'étendent jusqu'aux limites où le regard de
l'homme peut atteindre. C'est bien en Italie que je
voudrais vivre, mais à Naples de préférence à tout
autre lieu.

Venise, dégénérée, esclave, se survit à elle-
même; Rome, l'antique Rome, que protègent d'illustres souvenirs, laisse l'esprit mécontent et le
cœur attristé. Et pourtant, au nom de Rome, qui
ne s'incline, qui n'éprouve un religieux saisissement?... Mais où retrouver, dans Rome d'aujour-
d'hui, Rome des anciens jours? La cité sacrée est
enfouie sous la ville moderne; les murs républicains,
les temples du paganisme ont disparu devant les pa-

lais et les basiliques du catholicisme. A peine s'il surgit çà et là quelques débris des vieux trésors qu'enferme, la terre et dont elle dispute la possession aux conquêtes de l'archéologie. Autour d'eux sont venus se grouper les monumens de la renaissance et les mesquines demeures de la génération actuelle, race dégénérée des Romains d'autrefois.

Cependant, le voyageur qui visite la métropole du monde chrétien, se sent ému encore aujourd'hui à l'aspect de ses temples, de ses statues, de ses places, de ses fontaines jaillissantes : c'est toujours une grande et noble cité ; mais quand devant lui se dressent les ruines colossales des ouvrages du peuple géant, alors une comparaison soudaine change son admiration en un regret douloureux. Toutefois s'il monte au Capitole, il sera frappé de la majesté du palais auquel se lie le nom de Michel-Ange ; mais en vain cherchera-t-il la voie sacrée.....

Le Panthéon domine de sa tête altière les édifices nouveaux qui sont venus en grand nombre s'appuyer à ses murs sacrés ; une indolente population s'étend sur le marbre des degrés où les héros et les empe-

reurs ont laissé l'empreinte de leurs pas : sa présence en cet auguste lieu en trouble la grave harmonie.

Brisés par le temps et les révolutions, comme
l'ame l'est par la douleur, les monumens détruits
veulent l'ombre et le silence : les souvenirs qu'ils
éveillent grandissent dans le calme et l'isolement.

A Naples, point de ruines : tout y est neuf. C'est
une cité née d'hier, blanche, parfumée, resplendis-
sante.

En s'avançant dans les champs qui s'étendent à
l'entour, on rencontre Pompéia qui, sortie de son
tombeau après un ensevelissement de dix-sept siècles,
reparaît sur la scène du monde pour étonner notre
âge par sa magnificence antique.

Plus loin, on découvre les frontons croulans de
Pœstum. Arrêté sous les portiques, on a devant soi
des plaines abandonnées et nues, où l'œil plonge
avec effroi. Ici, le saisissement est instantané, péné-
trant, profond ! Plus de villes, plus d'habitations humaines, plus de culture, plus de végétation, je dirais
presque plus d'air : c'est la mort, c'est son morne

empire ! Une atmosphère empoisonnée y attend l'im-
prudent qui oserait en toucher le sol. Comme ces
grands débris sont tristes au milieu de cette vaste
solitude où la destruction a marqué si puissamment
son passage !

Dans ces déserts vides et flétris, à l'heure où la
nuit prête un plus sublime caractère à ces ruines, les
pierres cessent d'être muettes : leur langage mélancolique acquiert une nouvelle éloquence. Elles redisent lamentablement les douleurs de la terre, la
vanité des projets de l'homme ; elles éveillent à la
fois des regrets et des craintes, et l'esprit confondu
demande à l'ame des consolations et des espérances
que souvent elle refuse à notre sceptique raison.

Je viens de rencontrer sur mon passage un cortége
funèbre ; à sa splendeur j'ai cru qu'un grand seigneur
dormait sous toutes ses pompes mortuaires : c'était
un artisan.

Ici, le pauvre, insoucieux comme il l'est partout,
est toutefois fortement préoccupé d'une seule idée,
et c'est une idée pleine d'orgueil ! Il veut, sur cette
terre, où de lui ne restera nul souvenir, il veut un

jour, un seul jour, étaler les riches livrées de l'opulence, et c'est sur son cercueil ! Il passe toute sa vie à préparer le deuil de sa mort, à en tracer le programme ; il s'impose dans ce but une redevance journalière qu'il paie au clergé avec une rigoureuse exactitude. Les prêtres s'emparent ici avec adresse de la vanité du pauvre, et le rendent ainsi leur docile tributaire.

Le soir encore un nouvel enterrement plus magnifique que le premier, s'est offert à mes regards : c'était celui d'un officier du roi. Le cercueil, précédé de soldats tenant des torches renversées, s'avançait lentement ; les tambours voilés gémissaient sous la baguette en roulemens sourds et prolongés; les cloches émues tintaient le glas lugubre ; les chants des prêtres étaient mesurés, leurs psalmodies graves et plaintives ; il y avait des regrets, de l'agonie, de la piété dans tout cela, et pourtant tout cela semblait ne rien dire à la foule curieuse qui se pressait autour du cortège : indifférente, folle et joyeuse, elle couvrait de ses cris tumultueux et les chants religieux et le bruit des cloches, et le retentissement des

tambours. Elle était spectatrice railleuse d'une scène
où sa curiosité seule était intéressée; ni leçon, ni
avertissement ne surgissait pour elle de la vue d'un
cercueil !

III.

24 octobre 183...

Un parfum de fête s'exhale de toutes parts : on
chôme un saint patron. L'élu de la légende dorée a mis
en émoi toute la ville et ses alentours. Tout le monde
veut le saluer : piétons, écuyers, citadins en somptueux équipages, villageois sur leurs agiles montures,
tous accourent au rendez-vous. Des étrangers en

grand nombre, et surtout des Anglais, jettent dans cette réunion bruyante la variété de leurs physionemies nationales et de leurs costumes divers. Les abbés en foule, les prélats et les grands seigneurs, oublient leur morgue habituelle et se confondent parmi les flots du peuple. La joie de ce jour a brisé toutes les distances et rapproché tous les rangs : c'est là l'effet naturel des anniversaires populaires ou religieux à Naples.

Les roues des voitures brûlent le marbre des pavés ; les chevaux hennissent sous la main du cavalier habile qui les presse et les guide ; les fouets sifflent, et la multitude enivrée fait retentir les airs de ses joyeuses clameurs. C'est une effroyable cohue, un bruit incessant, un horrible vacarme.

Dire pourquoi tant de gens vont de Naples à Portici et de Portici à Naples; pourquoi cette foule d'hommes élégans, de femmes titrées, et dans tout l'éclat de la parure, parcourent dix fois la route avec une égale vélocité, ne serait peut-être pas chose aisée; si je n'avais la conviction intime que ce pèlerinage n'a tout simplement qu'un but mondain. Les uns veulent *voir*, et les autres veulent *être vus*. La curiosité, la mode et le plaisir ; voilà les seuls mobiles qui les amènent tous ensemble sur un même point. Épuisés de fatigue, sans voix, n'en pouvant plus, ils rentrent enfin, les uns dans leurs riches palais, les autres dans leurs bourgeoises ou chétives demeures, tous ravis d'avoir ainsi dévoré leur journée.

Ces sortes de solennités sont, à tout prendre, une répétition exacte de notre Long-Champs parisien, s'il n'est lui-même une réminiscence des fêtes patronales de l'Italie.

Assourdis par tant de bruit, nous avons cherché à faire une prompte retraite vers mon casino, mais nous n'y sommes parvenus qu'à grand'peine, tant les phalanges de curieux qu'il nous a fallu traverser étaient épaisses et profondes.

D'autres tableaux cependant nous attendaient au passage. Là, les pêcheurs de la rade étalent sur la place le poisson tout dégouttant d'eau et palpitant encore ; ici, des capucins quêteurs rôdent autour d'eux et prélèvent, à titre de pieuse aumône, une dîme sur leur pêche. Ailleurs, de vieilles femmes, accroupies près de leur *brasero*, font rôtir le maïs, nourriture habituelle des lazzaroni. Le désordre de leur coiffure et de leurs cheveux abandonnés au vent, les lambeaux qui couvrent à peine leurs corps amaigris et courbés par l'âge, leur teint hâve, leurs regards étincelans en font quelques chose de hideux à voir ; auprès d'elles se groupent des marchands de *pastèques* (1), et les glapissantes voix des unes, et les cris rauques et discordans des autres, forment de tous les concerts le plus insupportable sans doute.

Étourdie de tant de bruit, accablée de lassitude, je retrouve enfin, avec une sorte de bonheur, le calme de mon casino. Je vois Naples ; mais de loin, mais sans que la fiévreuse agitation de ses habitans puisse troubler le plaisir que me cause sa vue. Je l'entends encore ; mais ses chants, ses joies, ne parviennent jusqu'à moi que comme un bruit vague et languissant qui ne m'importune plus, car il aide à mes rêveries.

(1) Fruit à peu près semblable au melon, et favori du peuple napolitain.

CAPO-DI-MONTE.

IV.

26 octobre 183...

Me voici à Capo-di-Monte, château qu'un caprice royal a placé sur la crête d'une montagne, à laquelle Naples est adossée.

L'intérieur ne mérite pas d'être détaillé; mais le paysage qu'on découvre de la terrasse est d'une richesse merveilleuse.

Ce palais enferme quelques beaux et vieux tableaux, et d'autres des peintres vivans. L'école moderne italienne n'a point recueilli l'héritage de
l'ancienne, et ses productions sont si médiocres, que
nos peintres d'histoire dédaigneraient, pour la plupart, d'y attacher leurs noms.

Quelques salles sont revêtues de tapisseries des
Gobelins d'une belle exécution Elles. avaient été en-
voyées à François II par Charles X, dont les traits
sont retracés sur l'une d'elles. De ces deux monarques, l'un est mort, l'autre exilé.

Peu de temps avant, j'avais, à Paris, assisté à la
fête royale qu'un prince du sang donnait aux deux
rois que le trépas et la proscription allaient détrôner
bientôt. L'un, au retour d'un voyage, où il s'était
entouré d'un sévère incognito, avait soif de reprendre
les allures de la puissance souveraine, et la mort l'attendait au seuil de son palais; l'autre s'enivrait
des triomphes de ses armées en Afrique, qui devaient
consolider son pouvoir, et déjà se préparait la révo-
lution qui fit tomber de son front la couronne! Qui
ne se fût, ainsi que moi, senti vivement impressionner

à ces rapprochemens ? Non la haine n'a plus de fiel, la vengeance plus de fureur devant la tombe et l'exil.

En quittant Capo-di-Monte , je réfléchis long-temps sur les caprices de la fortune, qui se joue si vite des calculs de l'homme, qui disperse une vieille monarchie , et creuse un cercueil sous les degrés d'un trône. C'est seulement à l'aide de telles pensées que l'on apprécie la mince valeur de la vie , et que, voyageur sur la terre, on ose à peine y dresser la tente que, le soir même, peut-être le vent de l'orage couchera sur le sable... Mais la nature prévoyante a affaibli l'instinct que nous avons de notre destruction en nous donnant les rêves de l'espérance. L'homme , sous leur empire, bâtit dans le vaste champ de l'avenir, où la mort sera prompte à lui disputer la plus petite place.

Mais je me retrouve au milieu de ce peuple si peu penseur, dont toutes les impressions sont naturelles, simultanées et fugitives , comme dans l'enfance , parce qu'il est resté tel que la nature la fait, que chez lui la civilisation n'a rien épuré ni rien dépravé.

Je finis par trouver dans son incurie une profonde

leçon de philosophie ; car pourquoi ne pas laisser faire le temps qui trop tôt nous dépouille de nos illusions, sans que prématurément la réflexion nous les arrache une à une.

Il est des gens heureux, enfans à tout âge, qui peuvent croire à la jeunesse de leurs jours par celle de leur ame. Le vieillard qui, dans l'hiver de la vie, se nourrit encore des riantes images du printemps, n'est vieux qu'aux yeux des autres ; car il rêve et il espère dans une arrière-saison, qui n'a plus ni rêves ni avenir.

NAPLES.

V.

27 octobre 185...

La journée d'hier fut brûlante; le ciel était chargé de nuages d'un blanc mat, qui ne défendaient pas la terre des rayons de plomb que le soleil laissait tomber sur elle; les quais et les maisons en réfléchissaient l'ardente lumière; l'air manquait.

Laissant après lui une atmosphère de feu, le soleil s'était plongé dans les flots empourprés du golfe. Le soir, les vagues se roulaient pesantes ; mille éclairs sillonnaient l'horizon ; à minuit, l'orage éclata, la mer se réveilla de son sommeil perfide , les vagues dans leur bruit inégal et confus se brisaient avec fracas sur la rive , le Vésuve mêlait ses feux à ceux du ciel embrasé ; mais ses lueurs passagères s'éteignaient parmi les éclairs qui illuminaient la nuit ; la foudre grondait, le vent sifflait avec force ; l'ame était ébranlée à cette lutte terrible des élémens , et il fallait songer avec effroi aux périls qui poursuivaient le matelot sur cette mer, dont chaque convulsion était pour lui une menace de mort.

La pluie tombant par torrens, entraîna, des collines qui dominent Chïaja , des avalanches de pierres et de terres, qui obstruèrent en peu d'heures la voie publique, au point que l'amoncellement s'éleva en certains endroits de sept à huit pieds de hauteur..

De nombreux ouvriers sont parvenus, ce matin , après de longs efforts, à dégager les portes ; mais déjà la population indifférente avait, sur ces alluvions d'une espèce nouvelle, repris le cours de ses habitudes quotidiennes.

L'activité des pêcheurs de la rade contrastait avec le *far niente* de cette tourbe mendiante que les événemens de la nuit avaient fait sortir précipitamment de ses cases, où elle craignait de se voir murée à jamais. Tandis que les uns réparaient avec sollicitude leurs filets déchirés par la mer, les autres, à demi nus et nonchalamment étendus sur le sol, attendaient avec impassibilité que le dégât réparé leur rendît le libre accès des quais et de leurs maisons.

Les barbiers, les marchands de légumes, de fruits, de poissons et de macaroni, les cuisines ambulantes, s'étaient installés rapidement, et déjà avaient appelé auprès d'eux une nombreuse clientèle : on eût dit qu'ils agissaient plus librement depuis qu'ils n'avaient plus pour abri que la voûte du ciel. Partout une nuée d'enfans dont les jeux ne s'étaient point interrompus, des chiens inquiets, errans, et dont les hurlemens faisaient écho avec les cris perçans de la multitude, ajoutaient à l'originalité de ce nouveau spectacle.

J'ai traversé lentement Santa-Lucia, regardant les boutiques en plein vent, auxquelles une toile en lambeaux sert de toiture : elle abrite les planches mal ajustées, où sont déposés, sur une couche de plantes marines, les coquillages et les poissons vivans, dont les écailles reflètent mille couleurs. J'ai rencontré des étalages chargés de cédrats et d'oranges. Pour deux grains (1), le Lazzarone y vient étancher sa soif dans des flots *d'aqua gelata* (2). Les madones et les dieux du paganisme, bizarrement confondus ensemble, ornent ces boutiques ambulantes.

A Naples, la douceur de l'atmosphère permet au peuple de travailler en plein air : aussi est-il toujours distrait, toujours causeur ; il travaille peu, parle, gesticule sans cesse, promenant constamment ses regards çà et là ; il est à la fois le plus animé et le plus oisif de tous les peuples méridionaux.

Les chars qu'on nomme ici *corricoli*, sont une des singularités qui frappent le voyageur : ils forment à eux seuls une des physionomies burlesques du pays. Imaginez une caisse étroite, vernissée de mille couleurs crues et disparates ; dans cette caisse, sept ou huit individus entassés, quand, rigoureusement

____

(1) Le grain vaut un liard de France.
(2) Fraiche limonade.

parlant, il n'y a de place que pour deux : voyez l'un sur le brancard, tenant les guides ; l'autre, à l'arrière, faisant siffler le fouet aigu sur les flancs décharnés de la haquenée parée de fleurs, de plumes et de reliques, qui traîne, haletante, ce frêle équipage ; suivez les grotesques mouvemens de ceux qui s'appuient sur les ressorts, ou que la caisse emprissonne ; placez tout cela sur deux roues élevées et chancelantes, et vous aurez alors une idée juste d'un *corricoli*.

La pantomime du peuple napolitain est vive et animée ; il y a tellement de vérité dans ses gestes qu'il n'est aucun étranger qui ne comprenne aisément ce langage. Les mendians vous demandent l'aumône avec une grimace quêteuse ; quand ils vous abordent, ils frappent d'une main leur poche vide, et portent l'autre à leur bouche ouverte ; *morire di fame*, disent-ils ! Ils seraient d'excellens moniteurs pour l'École des Sourds-Muets.

VI.

28 octobre. è83...

Le temps est beau, la nature n'a gardé aucun souvenir de l'orage. La brise joue maintenant avec les eaux, que naguère tourmentait la tempête; les dômes et les façades des palais étincellent de tous les feux du soleil.

Je vais de Naples à Portici : les promeneurs vont,

viennent, se croisent sur toute la route; ils affluent de toutes parts.

Une madone, était processionellement portée à ma rentrée en ville; on lui demandait par de ferventes prières de prévenir le retour des accidens de la dernière nuit.

Ne faut-il pas toujours aux Napolitains des processions, des solennités religieuses, des obsèques nocturnes, les bouffonneries de *san Carlino*, et les savantes mélodies de Saint-Charles? Ils sont avides de tout espèce de représentations pieuses ou théâtrales.

Des femmes étaient rassemblées sur le quai; je m'approchai. Un prédicateur, qui croyait donner plus d'onction à son éloquence, s'agitait, gesticulait au milieu d'elles avec véhémence, en brandissant un crucifix. Son exhortation les touchait peu; elles continuaient de filer avec ardeur : le vent seul recueillait ses paroles et les emportait.

Des pêcheurs étaient occupés, non loin de là, à retirer leurs filets de la mer. Brunis par le soleil, les traits de leur visage étaient pleins d'énergie, de noblesse et de mobilité. Leur beauté mâle tirait un nouvel éclat du mélange des brillantes couleurs, et des nuances sombres de leurs habits. Ainsi les vit sans doute l'infortuné Léopold Robert (1), quand il peignit ce beau tableau que tout Paris voulut voir, et qu'attend aujourd'hui le Musée. Je remarquai, non pas sans quelque étonnement, que ces pêcheurs, après n'être parvenus à ramener à terre leurs pesans filets qu'avec un travail pénible et long, n'éprouvaient aucun mécontentement, ou du moins n'en laissaient apercevoir aucune trace sur leur front, que la fortune contraire ne leur jetât pour tout salaire que quelques méchans petits poissons. Cet inaltérable philosophie me plut autant que l'activité de ces hommes. Ce n'était plus là Naples dans son insoucieuse et indolente oisiveté. Après une pêche peu productive : à demain, dirent-ils, et ils s'éloignèrent en chantant.

(1) On sait la déplorable fin de ce peintre, et les regrets qu'elle a inspirés à ses amis, comme à ceux de la gloire de notre école.

VII.

1ᵉʳ novembre 183...

Hier, mon esprit a sommeillé ; mon ame souffrait, elle se trouvait à l'étroit ; je ne sais si l'influence du climat opérait sur moi, mais je ne me sentais nul pouvoir d'agir, nulle volonté de sortir de cette espèce de somnolence. Je me promenais sans but, je con—templais tous les objets sans réflexion. Enfin, comme l'eût dit **M**. de Maistre, je laissais faire *la bête*, et *l'autre* se tenait inerte et silencieuse à l'écart....... Une nuit de repos a dégagé ma tête de ces lourdes vapeurs, et mon crayon a, dans ma main, repris sa marche ordinaire.

C'est aujourd'hui la fête de tous les Saints et demain celle des *Trépassés*. Par anticipation, on procède à la commémoration de celle-ci. Les boutiques *dei pasticcerie* sont chargées de têtes de mort et de friands ossemens : voilà les gracieux présens qu'échangent en ce jour les familles entre elles.

Des pénitens voilés et de toutes couleurs encombrent Naples comme dans les grandes solennités funéraires. Ils parcourent tous les quartiers de la ville en sollicitant des aumônes, reservées, disent-ils, à payer des messes pour le repos des ames qui souffrent en purgatoire. Il est bien rare, je le crois, que l'impôt prélevé par ces ardens quêteurs sur la crédulité publique, soit consacré à une aussi pieuse destination.

Les sentimens religieux du peuple napolitain n'exercent pas une grande influence sur ses mœurs et sur ses penchans. Il n'y a pas assez d'élévation dans ces sentimens, ils ne sont pas assez dégagés de toutes pensées terrestres, ils ne sont pas d'ailleurs le résultat d'une foi solide, inébranlable, sans laquelle tout devient problématique dans le catholicisme. Cependant, on ne peut refuser à ce peuple une sorte de croyance, grossière à la vérité, car elle est basée sur ce que le cœur renferme de plus imparfait, l'intérêt personnel ; mais du moins cette croyance est-elle réelle et sincère.

Le Napolitain s'est fait, comme ses pères, un Dieu à son image : accessible à la haine, armé pour la vengeance, dispensateur des biens et des maux, et que l'homme associe à sa cause par des offrandes, des génuflexions et des cérémonies extérieures. Le Dieu n'a fait que changer de nom et le culte de formes.

Le Napolitain prie pour obtenir de son Dieu des biens, de la santé et toutes les délices de ce monde. Il invoque son secours pour le défendre ou le venger, il appelle sa colère sur la tête de ses ennemis ; voilà comment il comprend ce Dieu, voilà comment il se met en rapport avec lui. C'est une espèce de contrat

tacite entre la créature et le créateur, contrat qui a
tous les vices et toutes les lacunes de ceux qui sont
l'ouvrage des hommes. Le Napolitain prie, il s'a-
guenouille, il se frappe la poitrine, il attache des *ex-
voto* à tous les autels ; mais il attend en retour protection, secours, pardon de ses fautes, absolution de
ses crimes même : s'il n'attendait rien, il n'invoque-
rait plus !... C'est cette attente qui fait toute sa foi.
Je le répète, ceux qui ne verraient dans les manifes-
tations extérieures de la dévotion des Italiens, que les
grimaces d'une fausse piété, que d'hypocrites jongleries, se tromperaient. Ce peuple n'a pas l'intention
d'abuser les autres, mais il s'abuse lui-même ; car
il ne comprend rien à cette foi sublime qui, disait
le pape Ganganelli, « croit à tout ce qui ne peut pas
« être cru, adopte tous les mystères sans les discuter,
« et se fortifie à mesure que le matérialisme cherche
« davantage à l'ébranler. » Si les lumières pures de
l'Evangile éclairaient ces cœurs ignorans, si elles
dissipaient les ténèbres qui enveloppent cette croyance
abrupte, alors germeraient dans le sein du peuple
toutes les vertus qui rendent l'homme capable des

actions les plus nobles, des dévouemens les plus purs... Mais quel est l'apôtre qui dessillera les yeux de ce peuple?...

LE JOUR DES MORTS.

VIII.

2 novembre 183...

Hier on exaltait les saints, aujourd'hui l'on prie pour les trépassés !

Le soleil n'a pu déchirer les nuages noirs, qui pèsent sur le Vésuve. Le ciel, la mer, les palais, tout est morne et sombre, et le deuil de la nature ajoute encore aux lugubres solennités de cette journée.

Un usage ancien et respecté imprime à cet anniversaire un caractère particulier. Les artisans, les pauvres, se rendent dévotement dans les églises, où ils croient qu'ont été inhumés leurs amis et leurs proches ; au souvenir de la pompe de leurs obsèques, ils se persuadent que leurs dépouilles mortelles ont trouvé un inviolable asile sous les autels, où ils sont venus prier, près de leur cercueil, et où ils déposent maintenant de nouvelles offrandes ; mais leur confiance est abusée : tant d'honneur ne saurait être accordé aux restes d'un homme du peuple !

Lorsque les prêtres auront achevé la cérémonie que le défunt a largement payée d'avance, en s'imposant de continuelles privations ; lorsque la nuit rendra l'église à ses sombres mystères, des hommes viendront arracher du sanctuaire le cadavre, et de là, entourés des ténèbres qui protègent cette profanation, ils le porteront en toute hâte vers le Campo-Santo, abîme où les générations s'engloutissent sans laisser aucune trace de leur passage sur la terre, sans qu'une seule pierre dise qu'elles dorment là. Sur les bords de cette immense fosse, le corps, que l'eau

lustrale, que les pleurs d'une mère ou d'une épouse
ont sanctifié, sera indignement dépouillé des voiles,
dont une main amie et pieuse le couvrit, et ce corps,
qu'anima peut-être une ame tendre et généreuse, n'é-
tant plus qu'un lambeau infect aux yeux des misérables exécuteurs d'une volonté sacrilége, sera pré-
cipité, nu et souillé par l'affreux attouchement d'autres cadavres, dans ce large gouffre, et la chaux
dévorante, en consumant ces restes mutilés, en
achevera la destruction. Voilà comment ici les priviléges, si saints, de la sépulture, sont respectés !

IX.

3 novembre 183...

Le climat de Naples exerce, sur l'organisation intellectuelle des indigènes, une déplorable influence. Il affaiblit chez eux les vertus, les nobles sentimens, et détend tous les ressorts de la vie morale. Point d'énergie dans l'action, point d'indépendance dans la pensée ; en un mot, le peuple est plus servile ici que le roi n'est despote.

La religion n'est, pour le plus grand nombre, qu'une superstition puérile ; elle ne pourrait tourner au fanatisme : il n'y a pas assez de passion dans les cœurs.

L'opinion publique est dans ce pays sans puissance, elle n'inspire ni émulation ni crainte ; on dédaigne ses suffrages, on rit de ses mépris.

J'ai dû croire que la probité chez les Napolitains passe pour de la duperie ; la fraude et la ruse, pour du savoir-faire ; le vol, pour de l'habileté, et que la justice, également hostile à l'oppresseur et à l'opprimé, est l'ennemi commun.

Le servilisme se retrouve partout ici, dans le langage comme dans les actions du peuple. *Eccelenza*, *padrone*, sont deux mots inhérens à toutes ses phrases. Toujours humble, il est toujours à genoux devant les hommes comme devant Dieu !

Toutes les populations des principautés de l'Italie, se haïssent entre elles : c'est une haine de royaume à royaume, de ville à ville, de prince à prince, de sujet à sujet. Il y a si peu d'homogénéité dans ces peuples, nés sous le même ciel, que peut-être il serait bien difficile de les réunir sous un même sceptre, et de les faire obéir aux mêmes lois. Le courage, le talent, la force d'ame, l'intelligence peuvent être le partage de quelques uns ; mais il n'y a point entre tous un lien commun : ils n'offrent point, dans leurs agglomérations, ce qui constitue un caractère national ; enfin, fils de la même patrie, les Italiens ne forment point une nation.

J'ai dit, au début de ce livre, combien je trouverais douce l'existence en Italie, et certes, je le répéterais encore si je ne considérais que ses beautés naturelles ; mais ma raison en ce moment me parle plus haut que mes sens. Je reconnais, le dirai-je, avec bonheur, avec orgueil, que notre France est mieux partagée que l'Italie, sous le rapport de la vie intellectuelle : elle est plus propre au développement de l'intelligence. Tout, chez nous, est un objet de controverse éclairée et de débats lumineux : la politique s'aggrandit, la morale s'épure, la science s'avance, les arts s'élèvent, la littérature s'ouvre des voies nouvelles par des études libres , et surtout par une grande indépendance d'opinion. Chacun , dans le progrès général, apporte le tribut de ses veilles , et de ce concours mutuel , naissent d'utiles enseignemens. Ici, au contraire une politique étroite, ombrageuse, s'applique à étouffer l'intelligence; car elle a le sentiment de sa faiblesse, et reconnaît avec effroi qu'elle n'a de force qu'autant que l'intelligence n'en aura point. En France , on vit activement , on se sent vivre; en Italie , on languit dans une longue somnolence , en attendant le réveil!

POMPÉIA.

X.

5 novembre 183...

Ce n'est qu'avec une vive émotion que j'entreprends le récit de cette journée.

J'ai vu Pompéia, erré dans ses rues solitaires, pénétré dans ses temples muets, exploré ses maisons désertes; j'ai vu cette ville des morts, qu'on pourrait croire abandonnée d'hier, et qui est exhumée de la poussière de tant de siècles! et, quand d'un seul regard j'embrassai cette prodigieuse agglomération de monumens et de richesses, je sentis alors combien la parole était impuissante pour rendre les impressions que leur aspect faisait naître en moi!

Et que sont les impressions d'une femme, qui n'entend que la langue universelle que le beau parle à l'ignorance, quand ce ne serait point assez de toutes les ressources de la science, de toutes les inspirations de la poésie, pour peindre ces précieux débris?

Lorsque je rêvais l'Italie, mon imagination était toujours frappée des désastres de Pompéia. Je m'unissais aux malheurs de ses habitans, je m'identifiais à leur effroi, je tremblais, je fuyais avec eux! Je croyais voir le Vésuve, vomir de ses entrailles des torrens de lave et de cendres brûlantes, qui, comme une mer de feu, envahissaient, sous leurs vagues enflammées, la ville entière et n'en faisaient plus qu'un immense tombeau. Ce n'était qu'à la lueur de ce terrible incendie que Pompéia m'apparaissait toujours.

Et qu'ai-je vu? — La vieille cité rajeunie par l'éclat d'un ciel pur, inondée des rayons du soleil, qui donnaient un nouveau lustre à ses marbres, à ses murs dorés par la couleur des siècles ! Oui, j'ai revu Pompéia, n'ayant rien perdu de son imposant caractère. Elle a secoué ses cendres, et les rues, et les places et les édifices ont reparu tous à la fois ; l'antiquité a été prise sur le fait, et le peuple romain surpris dans sa vie matérielle.

Pompéia, qui ne devait plus appartenir qu'à l'histoire, reprend une place parmi nous, et c'est dans le tombeau, qu'une convulsion volcanique lui donna, qu'elle a trouvé un abri contre le vandalisme des hommes et les ravages du temps : on peut dire que, pour elle, le désastre a été conservateur.

Je m'imaginais ne rencontrer à Pompéia que des ruines, disséminées çà et là, et c'est toute une ville qui s'est offerte à moi. Voilà ses rues, ses promenades, ses temples, ses bains, ses théâtres ; voilà ses tombeaux qui s'élèvent au-dessus d'elle, et dominent la voie antique, comme les phares de ce nouvel empire des ombres !

Dans les rues spacieuses et régulières, l'œil suit

avec admiration le développement d'une longue file de colonnes, dont quelques unes ont conservé leurs corniches élégantes et leurs chapiteaux brodés de feuilles d'acanthe. On s'assied sur les gradins des théâtres, on s'égare sous les portiques des temples, on s'incline devant leurs sanctuaires, et ce n'est qu'avec une curiosité mêlée de respect, que l'on entre dans les demeures de ces hommes dont dix-sept siècles nous séparent!

Chaque pierre est ici un feuillet de l'histoire, empreint de toute sa gravité. Toutefois, le raisonnement se perd en vagues conjectures ; tout est mystère dans ces débris : les siècles ont enfoui leurs secrets avec eux, et cette poussière de marbre, que nous foulons sous nos pieds, en sait plus que la science, et met en défaut toutes ses hypothèses. Que n'a-t-elle une voix pour nous expliquer une énigme, dont le mot échappe à la sagacité humaine!

Qui me dira pourquoi ces maisons, ces carrefours sont déserts? Que sont devenus les habitans? Est-ce hier qu'ils ont fui? les traces de leurs chars sont encore imprimées partout! Quelle main puissante a fait de cette riche cité une désolante solitude? Tout existe à Pompéia, l'homme seul a disparu !

Guidés par notre cicerone, nous arrivâmes d'abord à une large enceinte qu'encadre un portique dont les colonnes sont pour la plupart restées entières. C'était le marché, lieu bruyant et animé jadis, aujourd'hui morne et silencieux ! Dans la prison qui s'élève à l'entrée de cette place, on trouva, nous dit-on, à l'époque des premières fouilles, deux squelettes d'hommes dont les pieds étaient attachés à de fortes barres de fer. C'est dans ce lieu où le châtiment de leur crime les avait amenés, qu'ils furent surpris par la mort. Qu'elle dût être horrible leur agonie; car l'espoir de se dérober, par la fuite, au trépas ne leur resta pas même dans cette affreuse extrémité!

Le théâtre destiné aux représentations tragiques est tout à fait monumental, et digne des plus nobles créations de l'antiquité. Une inscription moderne, calquée sur l'antique, dit que **MARTORIVS SVE-RINVS** en fut l'architecte. Trente gradins circulaires s'y élevaient symétriquement les uns au-dessus des autres. Les patriciens occupaient les premiers ; le peuple encombrait les plus élevés. Six escaliers, correspondant à six vomitoires, donnaient de faciles issues aux nombreux spectateurs.

En traversant des champs incultes, on parvient à l'amphithéâtre ; c'était encore une grande scène pour des drames sanglants et pour d'affreuses tragédies. Le peuple, qui, partout et toujours, a soif d'émotions fortes, y vint saluer de ses applaudissemens les triomphes des gladiateurs, comme il y accourut plus tard pour compter avec une féroce joie les heures d'agonie des martyrs chrétiens que l'on jetait aux bêtes, quand le temps fut venu de remplacer par ce spectacle celui du pugilat.

Cet amphithéâtre a mille pieds de circonférence ; la partie inférieure en est bien conservée : la porte sous laquelle passaient les cadavres des gladiateurs vaincus, est debout, et près de là se trouve le passage d'où leurs restes mutilés étaient, à l'aide d'un croc en fer, ignominieusement traînés jusqu'au *spolatium*, où on les dépouillait de leurs derniers vêtemens. Les combats ont cessé, les supplices ont eu leur terme. Vainqueurs et vaincus, martyrs et bourreaux, spectateurs et juges, tous dorment du même sommeil, et leurs os blanchis se confondent sous la terre, foulée de leurs pas et rougie de leur sang !...

Dans le temple d'Isis l'autel n'a point été ébranlé. Les débris de l'idole sont réunis près du sanctuaire. Une odeur fétide que les paysans appellent *mofetta*, se répand en ce lieu ; elle provient sans doute d'une source de gaz méphitique, comme on peut le voir encore maintenant sous l'autel de la déesse. Les prêtres des faux dieux dirigeaient avec beaucoup d'adresse l'action de ce gaz, et s'en servaient pour jeter dans le vertige les prophétesses, qui n'étaient que les instrumens passifs de leurs sacriléges jongleries. A la porte du temple, le squelette d'un homme fut recueilli et avec lui des vases sacrés. On en a conclu avec assez de vraisemblance qu'il emportait ces précieuses dépouilles quand la mort l'atteignit ; mais était-ce un coupable larcin, était-ce un acte de religieux dévouement : qui le sait ?

En suivant la grande rue, où chaque objet arrête la réflexion aussi bien que la vue, on arrive au prétoire. Voici le piédestal qui soutenait la chaise

curule. C'est là que la multitude s'agitait confusé-
ment, et que l'éloquence d'un homme se jouait avec
les passions de tout un peuple, reveillait sa haine ou
désarmait son bras ; le faisait courir à la guerre, ou
l'enchaînait dans l'inaction de la paix ; excitait ses vengeances oufaisait taire ses haines ; enfin, commandait
le calme à la tempête, ou remuait cette mer populaire comme le vent soulève les flots.

La promenade publique est d'une forme triangu-
laire; un temple dédié à Hercule en occupe le centre.
Fondé par les Grecs, il était déjà une antiquité pour
les Romains. En considérant cette ruine des ruines,
l'esprit s'abîme avec elle dans la nuit des temps. Des
gradins du temple, dont jadis la mer baignait le parvis,
on découvre une plaine étendue, aride, que les flots,
en s'éloignant, ont laissée à leur place. Où sont ces
flottes nombreuses qui déployaient avec orgueil leurs
riches pavillons, leurs voiles étincelantes ? Où sont
ces vaisseaux superbes qui portaient les lois de la métropole du monde chez tous les peuples ses tributaires, qui revenaient, chargés d'un précieux butin,
ajouter aux trésors et aux splendeurs de la mère patrie?

Où est la rade hospitalière qui les recevait à leur retour? Où est la jetée d'où la voix de tout un peuple célébrait leur départ ou saluait leur arrivée, et disait avec eux le nom de Rome triomphante ! Tous se tait, le sable muet s'étend de toutes parts : la mer s'est retirée et le désert est là.

Dans la rue consulaire, des caractères antiques sont restés gravés sur les murailles. Affiche ineffaçable, c'est l'annonce d'un spectacle à Pompéia : Pugna mala v; non april. Venatio !

Deux temples s'élèvent dans le forum : l'un était consacré à Jupiter, l'autre à Vénus. Quelques piédestaux sont veufs de leur statues, et tout ce qu'on admire rend plus amer le regret de ce que l'on ne retrouve plus ! Au forum comme au prétoire, comme au marché, comme au théâtre, le silence, le silence de la mort! Partout ici vous suivent les mêmes réflexions, les mêmes saisissemens.

En face du temple de Jupiter était la salle du conseil ; à droite celle du tribunal suprême qui seul prononçait la peine de mort. Les cachots où l'on enfermait les criminels, s'étendaient sous la vaste enceinte du tribunal. On voit encore les trois ouvertures pratiquées à la voûte. C'est de là que la formidable voix des juges portait aux condamnés l'arrêt de leur supplice ; ceux-ci étaient ensuite conduits à l'amphithéâtre, où la foule impatiente attendait de leurs tortures et de leur agonie des jouissances nouvelles.

Mais la scène change : ici, ce sont les établissemens utiles consacrés aux besoins domestiques. Ils sont faciles à reconnaître, car l'usage spécial auquel ils étaient affectés est indiqué sur les murs par des inscriptions précises et nominales. Là, des boutiques d'aphoticaires avec leurs laboratoires ; ici, des cuisines avec tous leurs ustensiles ; plus loin, des boulangeries et des fours ; d'un autre côté, des écoles de chirurgie ; enfin tout ce qui atteste les usages et les goûts d'une population riche et civilisée.

L'examen des maisons particulières n'est pas d'un moindre intérêt : toutes construites sur le même modèle, révèlent dans leurs distributions intérieures une prévoyance recherchée, une élégance voluptueuse. Les chambres tirent la lumière d'une cour qui occupe le centre de l'édifice, et qu'entoure une galerie cou-

verte. Là, c'est la salle paisible consacrée au repos du
jour, à la sièste paresseuse ; ici, celle du bain ; voici
l'étuve et la salle des parfums ; ailleurs et dans le
lieu le plus mystérieux, c'est l'habitation des femmes,
le *gynœceum*.

Dans toutes ces maisons on trouve à profusion des
fresques et des peintures : elle représentent en général des jardins riants, des batailles navales, des
nymphes et des dieux. Ces fragmens ont conservé
la richesse du coloris, mais l'incorrection des figures
frappe, autant que l'élégance et le travail exquis des
ornemens surprennent. Il est impossible de rien ima-
giner de plus gracieux ni de plus riche.

Ainsi ces hommes du forum et des places publiques, dont la vie était toute extérieure, avaient aussi
des demeures élégantes et coquettes ! En les suivant
pas à pas jusque dans les secrets de leur foyer, on
se plaît à recomposer leur existence éteinte et à les
rendre aux lieux ou leur voix appelait toutes les jouissances sensuelles, tous les plaisirs de l'opulence, toutes les merveilles des arts. Il est à regretter qu'on ait
dépouillé ces maisons, sans en excepter une seule,

des objets de luxe et d'utilité qu'elles renfermaient, pour le musée de Naples. Une d'elles, restée dans son état primitif, eût été pour l'étude un objet d'un haut intérêt : la vie privée des Romains s'y fût en quelque sorte traduite dans les moindres détails.

Mais arrêtons-nous un moment dans les bains publics. C'était bien ici un lieu de repos , on l'y re-trouve encore. Le jour qui tombe du haut de la ro-tonde est incertain et doux ; dans la partie la plus reculée se trouve la large piscine de marbre blanc , et puis le chauffoir, l'étuve, et les bancs où les baigneurs en foule venaient s'asseoir. Tout y atteste une commode élégance, une recherche fastueuse, ignorées de nos jours.

Je ne veux point oublier, dans cette esquisse de Pompéia, l'atelier d'un statuaire que j'ai visité avec un intérêt bien vif. Là, plusieurs ouvrages inachevés frappent les regards, et l'on peut saisir encore sur quelques-uns les dernières traces du ciseau que la mort fit tomber des mains de l'artiste.

Je dois aussi parler de la maison de Diomède, qu'é-clairaient à peine les derniers rayons du soleil , à l'heure où nous nous y arrêtâmes. Au moment de l'éruption du Vésuve, dix-sept personnes de cette famille cherchèrent un refuge dans un souterrain qui s'étendait sous l'édifice ; elles y furent ensevelies sous la cendre volcanique. Parmi les squelettes retirés de cette sépulture, on remarqua celui d'une femme qui avait gardé ses joyaux et ses chaînes d'or. On les retrouva tels qu'ils étaient le jour où, pour la dernière fois, ils lui servirent de parure. Les cendres dont elle fut enveloppée se durcirent autour de son sein, et elles en ont conservé l'empreinte ; cette fois, la mort a été le statuaire. Elle tenait son enfant embrassé à cette heure fatale, et ce que l'amour maternel avait si tendrement uni ne fut point séparé par le trépas !

Mais l'approche de la nuit vint mettre un terme à ces explorations. Notre ame était saturée de surprise et d'admiration. Le soleil n'avait laissé après lui qu'un rideau de pourpre qui ceignait l'horizon ; les tombeaux qui bordent les deux côtés de la voie antique s'élevaient, les uns au milieu d'une auréole de feu, comme les trônes lumineux des célestes esprits, les autres, privés de lumière, grandissaient dans l'ombre, et, fantômes tristes et menaçans, se perdaient sous les voiles lugubres qui déjà s'étendaient sur le ciel. Aucun effet de la nature n'avait encore produit sur moi une impression si profonde. Comme il disposait l'ame à sentir plus intimement tout le deuil et toute la sublime harmonie de cette scène! Impérissables comme le temps, funèbres comme la destinée, ces sépultures nombreuses surplombent la voie publique par laquelle on parvient à la ville. Belle et touchante pensée des anciens, qui, liant les vivans aux morts par un culte journalier, voulaient que l'étranger n'arrivât auprès d'eux qu'après avoir salué les mânes de leurs pères!... Pourquoi chez nous en est-il autrement? Pourquoi confions nous aux entrailles de la terre le cercueil où dorment ceux que nous avons aimés? Ne serait-il pas plus consolant que nos regards pussent rencontrer leur tombe quand ils s'élèvent vers le ciel!

Ici, partout et à chaque instant, le pied heurte des blocs de marbre, des tronçons de colonnes, des urnes brisées... La curiosité trouve un libre accès jusque dans les tombeaux : ils sont ouverts, ils sont vides, vides comme les palais et les maisons. La poignée de cendres que l'homme y avait laissée n'y est plus. Oui, tout est vide à Pompéia, tout, jusques aux sepulchres!

Telle est cette ville, dont une partie reste enfouie sous des champs incultes et stériles. Il faut le dire, avec une sorte de reproche, les fouilles sont poursuivies avec bien peu d'ardeur, et les cendres et la terre recèlent encore sans doute d'immenses trésors pour l'histoire et pour les arts.

Mais la nuit était venue, il fallait partir. Je voulus jeter encore un long regard sur Pompéia, avant de m'en éloigner peut-être pour toujours; mais je ne vis que le Vésuve se dressant derrière la ville, comme s'il menaçait d'une destruction nouvelle ses débris miraculeux!

La vue de Pompéia, rendue à la clarté des cieux, après avoir disparu de la terre pendant près de deux mille ans, est un de ces spectacles féconds en religieux enseignemens. L'incrédulité la plus obstinée doit en subir l'influence secrète. Là, si tout atteste un passé sans limite, tout fait espérer un avenir immense.... et le néant ne saurait l'être!

XI.

6 novembre 183...

C'est un riant palais que celui de Portici, lorsque les rayons pénétrans du soleil éclairent ses façades, brillent sur ses terrasses parées de lilas et de roses, percent l'obscurité de ses bosquets embaumés, et se promènent sur les eaux du golfe qui embrassent de leur humide ceinture le royal séjour !....

Là, le regard court avec intérêt sur la scène mobile que la mer offre à sa curieuse avidité. Mille barques agiles, conduites par d'adroits rameurs, fendent
la vague comme la flèche rapide. Elles se balancent,
elles luttent entre elles d'élégance et de vitesse, tandis que des navires la masse pesante dort sur les flots,
ou s'ébranle et s'enfonce lentement dans la baie. Leurs
pavillons, aux vives couleurs, scintillent au-dessus de
leurs mâts élancés et saluent Portici à leur passage.
Dans l'intérieur du palais, les riches moulures des
plafonds, les cristaux, les bronzes, les tentures soyeu-
ses, dûs à la munificence de Murat, rappellent le goût
de l'époque impériale. Au fond d'une salle retirée se
voient encore les portraits de la famille de Napoléon,
et celui de sa mère, de cette femme forte qui vient,
après de si longues douleurs, d'achever sa glorieuse
vie au bruit des cloches du Capitole (1). Elle a ho-
noré sa haute fortune comme son exil. Quelle destinée plus grande, quels revers plus inouïs, quels
deuils plus amers !

(1) Madame Marie Lœtizia Bonaparte est morte à Rome, le
2 février, au moment où l'auteur réunissait les fragmens de
son voyage en Italie.   (*Note de l'éditeur.*)

Par un défaut de convenance qui vous choque souvent dans ce pays, la chapelle et le théâtre se touchent de telle façon, qu'on suivrait facilement le chant grégorien dans la salle de comédie, et réciproquement l'opéra dans la chapelle.

Nous nous sommes promenés long-temps sous les chênes verts et les platanes qui protégent de leur ombrage les alentours du palais.

Cependant comme dans tous les jardins de l'Italie, on retrouve encore dans celui-ci des terrasses murées, des perrons, des escaliers, des bassins où l'eau demeure prisonnière ; tout cela est froid et compassé comme l'étiquette ; mais en dépit de cette ridicule symétrie, ces jardins sont beaux et la nature, puissante et riche, y a triomphé des outrages de l'art.

En rentrant à Naples, j'ai visité un délicieux casino, voisin des bosquets de la *Villa Reale*. La mer en baigne le pied. D'un côté l'on a la colline de *Mergellina*, les terrasses et les galeries aériennes de ses *villa* élégantes ; de l'autre, Naples, avec la belle décoration de ses édifices et de ses palais, et l'on entend le sourd bourdonnement de la ville qui s'évanouit sous le retentissement lointain des vagues.

Mais je n'essaierai point de peindre des aspects qui, à tout moment, varient suivant les heures du jour et les effets du ciel, et qui passent, tour à tour, du caractère le plus gracieux au caractère le plus sublime. C'est dans ces lieux enchantés, c'est dans Chiata-monte qu'il faut, le matin, aspirer l'air pur et limpide, recueillir la rosée qui dort sur les fleurs à peine entr'ouvertes, c'est là qu'après une journée brûlante il faut voir, au coucher du soleil, le ciel et la mer s'enflammer d'une soudaine lumière ; c'est enfin là qu'il faut, le soir, lorsque la lune sort de son lit humide et laisse tomber sur les grandes masses de ce tableau ses tremblantes clartés, lorsque le matelot, dans la barque attachée au rivage, redit ses chants d'amour ou sa joyeuse barcarole ; c'est là qu'il faut aller jouir de ces divines harmonies. *Chiatamonte!*.. oui, c'est sous l'abri de tes vieux arbres, près de tes eaux caressées par la brise, près de tes fleurs aux parfums si suaves, qu'il faut, dans le calme des nuits, s'abandonner à une mélancolie rêveuse et s'abreuver de toutes les douces émotions qu'elle apporte avec elle !

XII.

7 novembre 183...

Le dirai-je ! une fantaisie revenait sans cesse à mon esprit, et le désir de la satisfaire ne me laissait aucun repos. On sait ce que c'est qu'un désir de femme ! Je voulais me rendre compte du degré réel de dérangement qui pouvait exister dans le cerveau d'un peuple si singulièrement organisé ; je voulais enfin,

par une comparaison approfondie, juger de la diffé-
rence qu'il fallait établir entre l'intelligence d'un
Napolitain reconnu, par ses pairs, essentiellement
raisonnable, et un Napolitain proclamé fou par la
docte faculté. Ce projet en tête, j'ai pris ce matin la
route d'Averse, afin d'arriver plus promptement à la
solution du problème dont j'étais si vivement préoc-
cupée.

C'est un vaste établissement que celui d'Averse :
destiné à recevoir tous les aliénés du royaume, il a
toujours des hôtes nombreux. Un officier de la garde
du roi, qui, s'il faut en croire la renommée, pourrait
bien avoir déjà quelque titre à prendre place parmi
les illustrations de cette maison, nous en a procuré
l'entrée sans aucune difficulté.

Cet asile de la plus dégradante infirmité dont
l'espèce humaine puisse être atteinte, n'a rien de
repoussant à l'extérieur ; on n'y reconnaît ni l'hospice, ni la prison. Les cours en sont spacieuses,
les cellules et les corridors, décorés de fresques riantes et variées, n'ont rien qui puisse assombrir l'imagination. Un billard, une salle disposée pour jouer la

comédie, sont les lieux de réunion de la société dont le domicile a été élu en ce séjour.

Le premier des pensionnaires venu au-devant de nous est un homme d'environ cinquante ans: sa taille haute, son maintien grave et froid lui donnent une physionomie imposante ; il nous salue avec une politesse affectueuse et digne. Il se dit *Empereur d'Orient*, et nous fait, avec une extrême courtoisie, les honneurs de son palais, dont il vante singulièrement la magnificence. S'il est fier de sa royale demeure, il ne l'est guère de ses officiers : « ce sont de pauvres gens, s'est il écrié, en laissant tomber un regard dédaigneux sur ses compagnons d'infortune qui, sans prendre garde *à sa hautesse*, vont, viennent, pleurent ou chantent, suivant les impressions tristes ou joyeuses dont ils sont affectés.

En quittant l'*Empereur d'Orient*, nous sommes entrés dans la salle *dei gran signori*. Là, *Duca*, *Marchesi*, *Baroni e Signori Abbati*, obtiennent seuls la faveur d'être admis : c'est la cour d'Averse, où l'on compte les quartiers de noblesse ni plus ni moins qu'en cour de haut et puissant monarque. C'est folie en un lieu comme en l'autre! Je n'imaginais point, je le confesse, rencontrer les priviléges du monde dans des cabanons de fous; mais où le privilége ne pénètre-t-il pas? La monamanie de chacun de ceux-ci a un caractère particulier; cependant, le plus grand nombre se courbe sous une idée de terreur ou de mort; idée fixe, unique, tenace, dont l'obsession poursuit leur pensée pendant le jour, se réfugie dans leurs songes durant la nuit, veille au chevet de leur couche, et, spectre hideux, se dresse devant eux à leur réveil!

Néanmoins, il ne faut pas croire que toutes les folies d'Averse soient graves ou pathétiques; quelques unes ont leur côté plaisant : telle est celle d'un petit abbé qui, dès qu'il aperçoit une femme, ne manque jamais de demander à ses gardiens avec la plus vive anxiété *è gravita? è gravita?* Toutes les personnes de mon sexe, fussent-elles au dernier degré de la décrépitude de l'âge ou débarrassées à peine des lisières de l'enfance, arrachent au pauvre abbé sa question habituelle. Je n'ai donc pu l'éviter; mais, curieuse d'apprendre d'où naissait tant de sollicitude, j'ai interrogé les surveillans; l'abbé, sans attendre leur réponse, a pris lui-même le soin de m'en instruire par le jeu mobile de ses traits et l'énergie de ses gestes. Le malheureux ! il croit souffrir toutes les doulenrs d'une maternité prochaine, et se plaint de son interminable grossesse ! Sa voix dolente, son air piteux, son extravagante pantomime ont failli plus d'une fois à me faire oublier la pitié qu'il m'inspirait.

Un concert improvisé a dissipé pour un moment les réflexions pénibles dont j'ai été assaillie en ce lieu. Je me suis résignée de bonne grâce à prêter une oreille attentive aux intonations discordantes qui, du moins, ont trouvé une excuse dans leur originalité.

Le maestro di capella, espèce de professeur de musique à qui la folie n'a pas entièrement dérobé le sentiment de son art, s'est assis gravement au piano; aussitôt il a été entouré d'instrumentistes et de chanteurs. L'exécution a été beaucoup moins folle que je ne l'avais craint d'abord, et le concert est arrivé à son dénouement sans aucun désordre. Celui des virtuoses qui tenait la partie du *tenore* a une voix douce et accentuée, ses traits, nobles et réguliers, sont empreints de mélancolie; il nous à intéressés. Voici comment un de nos guides m'a conté l'histoire de ce jeune insensé.

Simple maître de chant, sous les dehors du rang et de l'opulence, il parvint à s'introduire dans une maison noble de Naples, dont la fille écouta ses vœux. Il rêvait déjà une brillante alliance, lorsque sa condition modeste fut dévoilée aux parens. L'amour de celle qu'il avait trompée ne résista point à cette fatale découverte. Sa fierté révoltée fit succéder, dans son ame, aux sentimens les plus tendres, une si impétueuse haine, qu'armée d'un couteau, elle le plongea tout entier dans la gorge de cet infortuné, qui, pour son malheur, ne garda de ses facultés qu'une mémoire trop fidèle! Depuis ce temps, privé de sa raison, il chante sans cesse, et ses accens plaintifs sont l'écho de son cœur. Des romances qu'il nous a fait entendre, j'ai gardé le souvenir d'une que j'ai essayé de traduire ainsi :

> Quand la nuit, sous ses voiles sombres,
> Dérobe à nos yeux les hameaux;

Quand le peuple muet des ombres
S'échappe en foule des tombeaux ;
Quand, dans la nature endormie,
Au repos tout semble livré,
Du deuil, dans mon ame flétrie,
S'enfonce le trait acéré.

Le malheur qui poursuit ma tête
Ne s'arrête point en chemin ;
Car de la veille la tempête
Me frappe encor le lendemain.
L'avenir, chargé de nuages,
Vient épouvanter ma raison,
Et je ne vois que noirs orages
Rouler sur moi de l'horizon !

Beaux ans de ma jeunesse heureuse,
Comme vous fûtes emportés !
L'amour, l'amitié généreuse
Veillaient alors à mes côtés.
Du bonheur les douces images
Me promettaient des jours charmans ;
Mais le sort, trompant ces présages,
Ne me jette que des tourmens !

Trésors d'un jour ! gloire éphémère !
Plaisirs légers, heureux amours !
Ne seriez-vous qu'une chimère
Que l'homme en vain poursuit toujours ?

>   S'il en est ainsi, de mes plaintes
>   Pourquoi fatigue-je le sort ?
>   Plaisirs, amours, gloires éteintes ,
>   Je vous connus... j'attends la mort !

Avant de quitter Averse, j'ai jeté un coup d'œil furtif sur les cachots où les fous furieux sont enfermés pendant la nuit. J'ai vu avec saisissement les liens de fer destinés à retenir leurs pieds, enchaînés et rivés dans une large traverse de bois. A cet aspect, les prestiges mensongers qui avaient dérobé à mes yeux l'horreur de ce funeste séjour, se sont évanouis subitement, et ont laissé la prison et l'hospice devant moi dans toute leur affreuse vérité. Je me suis éloignée rapidement, en songeant avec angoisse que les malheureux habitans d'Averse ont sans doute des momens lucides qui leur révèlent le supplice de leur position.

NAPLES.

XIII.

8 novembre 185...

Après avoir parcouru *Tolède*, nous sommes en—
trés *ai Studi* (1).

Les vastes salles du rez-de-chaussée, renferment
les fresques recueillies à Pompéia et à Herculanum.

(1) Le musée.

On est étonné de l'éclat de ces peintures, qui sont restées belles après avoir essuyé les outrages de dix-sept siècles. Les plus riches compositions ornementales de la renaissance s'inspirèrent de ces élégantes créations. Le fini de leur exécution fait vivement regretter l'imperfection des figures, dont le dessin incorrect atteste tout à fait l'enfance de l'art. Les galeries et les cours sont remplies des dépouilles de ces deux villes, et des trésors dont le pape Paul III Farnèse, laissa l'héritage à la famille régnante.

Je ne prétends pas donner ici la nomenclature entière de tout ce qui a vivement attiré mon attention ; je ne citerai que quelques chefs-d'œuvre. Ceux qu'on a retirés des cendres de Pompéia m'ont le plus frappée ; on le comprendra aisément, ils complétaient à mes yeux le tableau de ses richesses.

Un groupe très endommagé par le feu m'arrêta d'abord : il offre des restaurations antiques ; le fer qui a servi à réunir les morceaux brisés les retient encore. Ce travail, sans qu'on puisse en expliquer la cause, double l'intérêt qu'inspire la vue de cet ouvrage.

Près de là , deux colonnes du fameux temple de

Serapis(1), se présentent avec leur certificat d'illustre origine : ce sont des inscriptions grecques.

Dans la pose noble et tranquille de *l'Hercule Farnèse*, on retrouve la pensée forte et les habitudes graves des anciens. Michel-Ange fut chargé par Paul III, de réparer les dégradations que cette figure avait subies. Les jambes manquaient à la statue; mais le travail terminé, le sculpteur, le trouvant indigne de son objet, fut sans pitié pour son œuvre et la brisa. Plus tard, Guillaume della-Porta, tenta la même entreprise, et le fit avec bonheur. Mais enfin les jambes antiques furent découvertes et rendues au Dieu, dont elles firent le chef-d'œuvre le plus complet que l'art ait pu créer.

Les beautés du groupe, connu sous le nom du *Taureau Farnèse*, sont au-dessus de toute juste appréciation. La vigoureuse et parfaite exécution des nombreuses figures qui le composent, imprime un caractère tout à fait grandiose à cette production de deux sculpteurs grecs, *Apolonius* et *Andronicus*.

(1) A Puzzuoli.

Nous quittâmes les galeries du Musée, où nous laissions notre admiration fatiguée, et nous regagnâmes encore une fois Tolède.

Une soudaine comparaison fit succéder à notre enthousiasme le plus froid dégoût. Naples, étalant sa vaniteuse indigence, et cachant ses trésors... affligeante transition des grandeurs du passé aux plaies du présent !.... Naples, avec ses palais et ses musées enrichis des peintures de Raphael et de statues antiques ; Naples, avec ses lazzaroni et ses mendians lépreux..... Naples, le dirai-je, me parut en ce moment tout à la fois belle et hideuse, grande et petite, vivante et morte !.....

J'ai fait une longue promenade dans la ville, et j'ai vu en passant les prisons : elles sont encombrées. En songeant que tant de voleurs habiles courent les rues, et que tous ceux qui sont enfermés ne sont que les maladroits, on sent presque de la compassion pour ceux-ci, et de la colère contre ceux-là.

Des têtes humaines, enchâssées dans des cercles de fer, sont attachées aux murs des prisons. Cet épouvantail n'en est pas un pour le peuple ; à peine jette-t-il un regard indifférent ou cynique sur ces repoussans débris. La véritable morale a d'autres enseignemens pour éclairer les esprits. Mais les gouvernans semblent ici l'ignorer ; ils ont trouvé des ornières ouvertes, et ils s'y traînent sans songer au but où ils arriveront. Ils ne prennent point la peine d'étudier les besoins de la génération présente, et la traitent avec une stupidité toute barbare.

En effet, pour qui le juge sans prévention, et avec plus de réflexion que je ne l'ai fait moi-même, l'Italien porte en lui des germes précieux, que des institutions généreuses féconderaient aisément. Son intelligence est vive, sa capacité vaste. Il naît artiste et poète, et la nature l'a doué à la fois d'un goût exquis et d'une imagination fertile ; car, on peut le dire, l'imagination est vraiment fille de ces climats. Interrogez l'homme du peuple sur l'histoire de son pays ; il vous en citera les époques glorieuses ; il vous dira d'où vinrent ses anciennes richesses, vous répétera ses vieux chants de triomphe. S'il s'agit de venger une injure personnelle, rien n'arrêtera son bras ; c'est la poitrine découverte, à la lumière du jour, qu'il frappera, et le glaive de la loi ne l'intimidera même pas. Parlez-lui de LIBERTÉ, de PATRIE, il restera indifférent, sans ardeur pour leur défense : car Patrie et Liberté sont des mots qu'il ne comprend pas.

Mais qu'un habile législateur lui donne des institutions qui le régénère; qu'il favorise l'intelligence au lieu de la comprimer, qu'il fasse vibrer dans les cœurs des sentimens de nationalité, et ce peuple grandira; le patriotisme échauffera son âme, sa main saisira les armes; les combats ne l'effraieront point; car le courage, il l'a.

CATACOMBES.

XIV.

9 novembre 183...

Je sors des catacombes, où m'attendaient de nouvelles et douloureuses sensations.

L'histoire de ces demeures sépulcrales se rattache à celle de la primitive église. C'est là que les chrétiens cherchèrent un abri contre les persécutions des idolâtres. Cet abri, c'était un tombeau! Vivans, ils descendaient parmi les morts pour adorer le Dieu puissant qui, par ses miracles, venait de se revéler au monde.

Comment décrire ce que l'on éprouve en s'enfonçant sous ces voûtes ténébreuses ? On y est assailli à la fois par tant de souvenirs et d'émotions ! C'est là que priaient nos pères, que la couronne du martyre fut déposée sur leurs restes sanglans ; c'est là que leurs os reposent, tandis que leur ame sommeille dans le sein de Dieu !... Descendus dans ces sépultures, nous en suivions lentement les sinuosités ; à peine si la lueur vacillante des torches pouvait en interrompre l'épaisse obscurité. La pâle clarté des flambeaux projetait de toutes parts de fantastiques figures ; elles apparaissaient à notre imagination troublée, comme de gigantesques fantômes : elles nous devançaient, elles glissaient sur les murs, s'attachaient à la voûte, sortaient des anfractuosités des caveaux et dansaient autour de nous : c'était l'épouvantable rêve d'Holbein qui se réalisait à nos yeux.

Ce n'est qu'avec une terreur religieuse qu'on pénètre dans ces lieux. On craint à chaque instant de

heurter quelques débris humains, et de les profaner...
L'oreille cherche vainement à recueillir un son, un
de ces mille bruits qui rompent le silence des nuits.
Ces caveaux sont muets, muets comme les dépouilles
qu'ils recélent.

En avançant jusqu'à l'extrémité de ces intermi-
nables souterrains, un spectacle affreux se pose
devant vous. C'est une montagne d'ossemens, c'est
l'ossuaire, où mille générations ont apporté leurs
tributs.

Ah! qui ne se prendrait d'un invincible mépris
pour soi-même, à la vue de ce qui reste de nous...
Voilà donc ce que nous laisserons ?..... des ossemens !.....

Et ces tristes débris sont ici amoncelés et jetés pêle
mêle, sans soin, sans intention pieuse ; tout est
confondu dans un hideux désordre ; c'est le chaos de
la mort. Et pourtant c'est de là que des masses se lè-
veront, quand la voix de l'ange les réveillera de ce long
sommeil, quand la voix de l'ange les appellera aux
pieds de leur dernier juge !... Le dirai-je, à cette idée
un frisson soudain me saisit ! Je crus entendre cette

voix formidable retentir dans les ténèbres, avec un bruit tel , que les catacombes en tremblèrent !... Tout me parut tourbillonner autour de moi ; il me sembla voir ces os blanchis, au milieu d'un ébranlement général, se mouvoir, se joindre ensemble, former d'innombrables squelettes ; de l'orbite creux de leurs yeux aucun regard ne jaillissait, sur leur bouche sans lèvres, erraient d'amers sourires, de leurs poitrines vides s'échappait un souffle glacial ; j'entendais le craquement de leurs phalanges desséchées ; leurs pas saccadés me poursuivaient dans l'ombre ; j'étais enfin sous l'influence d'une fascination terrifiante, et ce ne fut qu'en revoyant la lumière du jour que j'échappai à cette horrible vision, qui eut pour moi, un instant, toute la puissance de la réalité.

XV.

9 novembre 183...

Nous quittons Naples pour quelques jours ; nous allons visiter les temples de Pœstum.

Les routes qui conduisent aux ruines de l'antique *Possédonia* offrent peu de sécurité aux voyageurs ; il n'est récits effrayans qu'on ne nous ait faits des

7.

aventures tragiques dont elles ont été le théâtre ; mais rien n'a ébranlé notre résolution : notre curiosité est restée sourde à tous les avis qui pouvaient éveiller la crainte dans nos esprits.

Partis de Naples au jour naissant, nous avons fait à Pompéia une assez longue halte.

La disposition d'esprit où je me suis trouvée, a changé complétement l'impression que j'avais rapportée de ma première excursion dans ce lieu. Aujourd'hui un ciel radieux, jetant des flots de lumière sur la ville abandonnée, m'a paru insulter à son délaissement. Non, ce ne sont point les feux du jour qu'il faut aux ruines de Pompéia, c'est la nuit et les ténèbres ; c'est la nuit avec ses voiles lugubres. Les temples, les palais s'effacent dans l'ombre ; ils ne dessinent que mollement leurs contours indécis ; l'œil les cherche et ne les saisit que comme des fantômes fugitifs ; aucune clarté ne brille dans ces palais vides ; aucune voix ne gémit dans ces temples ouverts ; c'est le deuil, oui, c'est le deuil complet qui convient à Pompéia, veuve de son peuple....

Je me suis éloignée triste et presque mécontente ;

mais la vue des sites les plus gracieux a dissipé bientôt mon humeur morose.

Une route ombreuse où la vigne court en festons s'attacher aux branches vigoureuses de l'ormeau, nous a conduits à *Nocera dei Pagani*, ville long-temps habitée par les Arabes, et de là nous sommes arrivés bientôt à *la Cava*, l'Eldorado des poètes, l'Eden des artistes, et dont les beautés sont si prodigieuses et toujours si neuves, qu'on n'a jamais fini de les décrire, ni de les peindre.

Il faudrait les pinceaux de Claude Lorrain ou du Guaspre pour reproduire avec bonheur, avec vérité, la splendeur de ces sites, la variété, l'harmonie de leurs plans divers.

D'abord, des monticules aux contours arrondis portent à leur sommet, ou des monastères d'architecture mauresque, ou quelques ruines féodales ; puis à leurs flancs de petites maisons blanches, d'élégantes *villa* percent partout la verdure. Celles-ci étalent sur leurs terrasses sculptées et sur leurs balcons à ogives, l'aloës, le cactus et le myrthe confondant les tons clairs ou sombres de leurs feuillages divers ; la ligne gracieuse de leurs colonnades s'efface sous les guirlandes de jasmins et de roses dont le vent balance les fragiles festons. Enfin, le châtaignier aux troncs vigoureux, le chêne séculaire, le caroubier à la feuille brunie, le pin d'Italie à la taille élancée, s'unissent et protégent ensemble le mystère de ces divines retraites.

Plus loin, s'ouvrent des gorges profondes, bondissent des torrens, des cascades blanches d'écume ; à l'horizon les crêtes aériennes des montagnes se noient dans un ciel diaphane et pur.

Ailleurs, des rochers à formes heurtées dressent leurs pics menaçans ; quelques fabriques sont assises sur leurs larges escarpemens; à leur pied se déroulent de fraîches vallées que mille ruisseaux arrosent et fertilisent.

Jamais, non jamais, je n'ai mieux compris la beauté de ces vues de montagnes, beauté grave et mélancolique, dont le caractère imposant fixe à la fois le regard et la pensée dans un horizon circonscrit... Scène bien différente du grand spectacle d'une mer sans rivage, ou l'infini est dans le ciel et sur les flots !...

Mais soudain, en sortant d'un long défilé, vous voyez Salerne et son golfe, et la mer qui forme l'encadrement éternel de ce vaste tableau. A cet aspect, mon enthousiasme s'accrut encore... Je le croyais épuisé.

Salerne (1), disposée en amphithéâtre, domine le golfe qui porte son nom. Le soleil ne peut que difficilement se frayer un passage jusque dans ses rues tortueuses et ses carrefours étroits, où s'agite sans cesse une population turbulente. Cette ville n'est éclairée pendant la nuit que par quelques rares lumières qui s'échappent furtivement des boutiques ou brûlent devant les madones. Parmi les murailles et les maisons en ruines, on rencontre quelques palais, dernières traces de la richesse de cette cité. Les couvens de femmes et les monastères qu'elle renferme en grand nombre y ont étouffé l'industrie et la prospérité.

Le peuple de Salerne a l'air farouche ; son cri est

____

(1) Salerne eut long-temps des princes particuliers. — On prétend que dans son école de médecine parurent avec éclat deux femmes, Trotusa et Rebecca Guarna.

rauque et sauvage. Ce sont de vrais Napolitains, avec un degré de moins de civilisation, ou un degré de plus de barbarie.

Je suis entrée dans une église ; la voix d'un homme s'unissait à celle de l'orgue ; ses accens étaient harmonieux ; il répétait des motets lents et suaves. Le peuple, reprenant les versets, répondait par des chants aigus à la mélodie des solos : c'était une voix d'ange à laquelle un chœur de démons répondait.

· Le soir, il y avait opéra.... *la Cenerentola* de Rossini !... Un théâtre, un spectacle lyrique à Salerne !... Les morceaux d'ensemble ont été dits avec verve et entraînement. Les peuples de l'Italie chantent comme les autres parlent. La musique n'est-elle pas leur langue maternelle ?...

Après l'opéra, *Pulcinello*, sans lequel il n'y a pas de fête possible, se montra, dans l'intermède, plus rusé, plus bouffon, plus crasseux que celui de Naples son patron. Chacun de ses lazzis faisait tressaillir la multitude ébahie, et l'enivrement de celle-ci se manifestait par de retentissans bravos.... Là se

termina notre journée ; et l'originalité de ce spectacle, et les plaisanteries du héros de la fête, *Pulcinello*, ont fourni pendant quelques instans encore à
notre entretien plus d'une folle réflexion.

XVI.

10 novembre 183...

A peine le jour était-il venu que nous suivîmes la route qui mène aux temples de Pœstum. Quel changement soudain ! Ce n'étaient plus les beaux et gracieux aspects de la Cava : nous traversions un pays frappé de stérilité, sans aucune trace de culture ni de végétation. Si de loin en loin on découvre quelques habitations de chétive apparence, elles semblent égarées dans ce morne désert, et leurs tristes possesseurs, maigres, livides, défaillans, n'apparaissent, au seuil de leurs portes, que comme des fantômes inquiets, des spectres vivans échappés à la sépulture, et que la mort laisse végéter encore quelques jours au milieu des miasmes pestilentiels de ces régions envahies par le *mal aria.*

Après une marche de plusieurs heures, nous atteignîmes une plaine aride, immense, qui n'a de bornes que l'horison. Des joncs marécageux, une herbe jaune et flétrie en couvrent la surface : c'est là que s'élèvent les temples de Pœstum. Les ronces ont envahi ces champs où, deux fois chaque année, les roses fleurissaient. Voilà ce qui reste de Sybaris !... Ces grandes ruines sont l'épitaphe d'une nation éteinte....

Nos regards se fixent avidement sur ces temples, ou l'histoire est écrite en si magnifiques débris. Nous approchons de celui de Neptune, dont le pérystile est porté par des colonnes cannelées d'ordre dorique. Ses corniches, ses entablemens se soutiennent encore ; mais la coupole qui les couronnait s'est écroulée, et le sanctuaire n'a plus pour abri que la voute du ciel.

Contemporains de la vieille Rome, les frontons mutilés de ce temple (1) ont usé sur leur marbre la puissance de vingt siècles.

Un pâtre, appuyé sur le fût d'une colonne brisée, était endormi ; son troupeau maladif errait autour de lui, cherchant çà et là une triste pâtnre. Les marques d'une prochaine destruction flétrissaient le visage du jeune berger. Quelques jours encore, et la pierre qui lui servait d'appui, protégera ses froides dépouilles.

Assise à l'ombre du vieux temple, je laissais vaguement errer mes regards sur une plaine silencieuse et sans vie, sur la chaîne des montagnes éloignées, dont le front se perdait dans les nuages ; la mer, d'une ligne bleue qu'aucune voile ne venait interrompre, marquait seule les limites d'un vague et froid horison. Tout en ce lieu est sombre et taciturne ; tout y pèse sur la pensée, tout y oppresse la poitrine. La

(1) On dit même qu'ils sont d'origine grecque.

destruction a frappé de mort ces grands débris ; elle a frappé de mort ce grand et livide paysage !... Cette nature éteinte n'est-elle pas cependant le cadre qui convienne le mieux à ces ruines imposantes? N'est-ce pas comme leur tombeau?...

Mais l'heure de rentrer à Salerne était arrivée. Nous abandonnâmes ces champs lugubres avec l'allégement que l'on éprouve quand le réveil fait évanouir les fantastiques images d'un rêve douloureux.

La nuit était belle ; mille étoiles brillaient au ciel ; la lune, au milieu d'elles, s'avançait lentement. Elle marchait entourée de nuages légers. Tantôt elle semblait se reposer sur eux, tantôt ils voilaient son front lumineux , et cependant ses douteuses clartés dormaient encore sur la terre... Le calme régnait partout, la brise soufflait mollement, le silence n'était interrompu que par le bruit faible et lointain de la clochette des troupeaux et le chant de l'oiseau solitaire... Paisible nuit, nuit touchante , où mon ame, dans une douce extase , était si près du ciel et si loin de la terre !...

DE SALERNE A AMALFI.

XVII.

11 novembre 183...

Le trajet par mer de Salerne à Amalfi (1) nous a beaucoup fatigués. La traversée a été rude, et chacun de nous a payé au roulis des vagues un long et pénible tribut. Epuisés, défaillans, nous aspirions à toucher

(1) *Amalphis.* — Flavio Gioia, l'inventeur de la boussole, y reçut le jour.

le rivage. A peine avions-nous pris terre que nos angoisses cessèrent presque subitement, et c'est dans un ancien couvent de capucins, transformé en hôtellerie, que nous achevâmes une journée vraiment périlleuse.

Au moment de notre départ, la mer était violemment agitée ; un vent d'ouest qui s'était élevé pendant la nuit, guerroyait déjà contre elle. De tels indices, précurseurs certains d'un prochain orage, auraient dû nous arrêter ; il n'en fut rien : la sécurité communicative de notre patron, son regard ferme et vigilant nous trouvèrent sans défiance, et nous partîmes joyeusement en faisant entendre le cri des mâtelots : *A la grâce de Dieu !...*

Notre navigation fut d'abord facile et prompte ; les tableaux mobiles qui se succédaient sur la rive, et dont chaque coup de rame variait l'aspect, nous arrachaient à tout moment des exclamations de surprise et de ravissemens. Là, de hautes montagnes aux versans boisés encadrent le golfe ; de leur base jusqu'à leur sommet, des villages pittoresques ondulent autour d'elles ; ici, de noirs rochers s'élèvent à pic, étalant leur indigente nudité ; ailleurs, des châtai-

gniers et des platanes, dont les rameaux, laissant passage à la flèche élancée d'un clocher ou à la svelte
coupole d'un minaret, abritent de petits ports mouvans d'activité. Une flotte de barques s'amarrent sous
leur feuillage protecteur, et baignent dans les eaux
leurs voiles inclinées par le vent.

Mais bientôt ces riantes images, sans cesser de
s'offrir à nos yeux, nous trouvèrent tout à fait in-
différens, tant le mal de mer, dont nous fûmes saisis
soudain, nous rappela aux souffrances matérielles de
ce monde. Pour ma part, j'étais mourante, et mes
yeux obscurcis ne pouvaient même découvrir Amalfi,
dont une assez courte distance nous séparait.

Le vent fraîchissait, les lames se roulaient pesantes sur les flancs de notre barque, qui suivait
toutes leurs ondulations ; elle se soulevait et retom-
bait avec elles, se relevait encore et s'abîmait de
nouveau. Plus nous aspirions à toucher le rivage,
plus il fuyait devant nous. Ainsi ballottés depuis plusieurs heures, nous commencions à céder à une juste
inquiétude, quand tout à coup un mouvement instantané est imprimé à notre frêle embarcation ; de

vigoureuses mains la saisissent, et l'entraînent rapidement, malgré la résistance des vagues, jusqu'aux
grèves d'Amalfi, où nous sommes déposés dans un
état plus voisin de la mort que de la vie. Des hommes
du port avaient vu notre danger ; ils s'étaient jetés
à la mer : nous leur devions notre salut !

Mais, arrivés à Amalfi, nous ne savions où porter
nos pas, et cependant nous avions à la fois besoin de repos et de soins. Nous aperçûmes, à la crête d'un rocher
dominant Amalfi, une auberge qui avait pris, ainsi
que je l'ai déjà dit, la place d'un couvent de capucins.
Nous demandâmes à y être conduits, et, malgré les
assertions des habitans de la ville, qui tous nous dé-
claraient que les voyageurs assez imprudens pour
mettre le pied dans ce repaire n'en sortaient plus,
nous persistâmes dans notre dessein. Nous gravîmes,
non pas sans des efforts inouïs, la route montueuse
qui devait nous mener à l'hôtellerie redoutée.

Je m'arrêtai peu à contempler la situation pittoresque du vieux monastère ; ni sa cour entourée de
portiques et de colonnes de marbre blanc délicate-
ment sculptées, ni ses fenêtres à ogives, ni ses bal—

cons saillans découpés à jour, étalant avec orgueil leurs dentelles de pierre, ne purent obtenir de moi un seul regard. Je me précipitai vers une cellule : c'était là qu'un peu de repos m'était promis, et j'avais hâte d'en jouir.

Mais j'eus à peine pris possession de ma chambre, que j'oubliai tout, et ne sentis plus rien que les émotions vives que m'apportait la vue de la mer, dont je pouvais observer alors sans danger la terrible colère.

Toutefois, je voulus voir de plus près cette scène tumultueuse. Nous redescendîmes sur la plage. Les lames s'avançaient comme des collines d'écume et se brisaient avec fracas contre les rescifs. Nous pouvions à peine mesurer de l'œil la hauteur des rochers suspendus sur nos têtes. Leurs masses entraient jusque dans la mer, et formaient des grottes naturelles d'où les flots, bouillonnant avec impétuosité, repoussaient les barques qui venaient y chercher un refuge.

Nous laissâmes la rive, nous pénétrâmes dans la ville, dont les habitans, hommes, femmes, enfans, vieillards, nous suivirent en foule avec une stupide curiosité. La physionomie des femmes est rude et sauvage, leur regard est oblique et sombre, aucune expression de sensibilité n'adoucit l'âpreté de leurs traits.

Amalfi, jadis république guerrière, n'est plus aujourd'hui qu'un village remarquable, par sa situation pittoresque.

Dans sa rue principale, un ruisseau alimente quelques usines ; sous les oliviers et les figuiers dont elles sont chargées, des collines forment à l'entour d'Amalfi de verdoyans remparts ; elle n'a plus d'autres forteresses !

———

Plus diligens que le soleil, notre départ d'*Amalfi* a précédé son lever de quelques instans ; il nous a trouvé sur la route d'*Atranc.* A partir de là, nous avons suivi un chemin escarpé, ouvert entre des rochers que rafraîchissent les eaux d'un torrent. Voici la belle nature qui revient à nous. La nature morte des champs de *Pæstum* n'est plus là ; tout a repris de l'éclat, de la chaleur, de la vie. Ici règne, pour ainsi dire, un éternel printemps; le vert feuillage des arbres n'y est jamais dévoré par les âcres baisers de l'hiver.

Je retrouve sur les pages de mon album, les esquisses de plusieurs paysages. Ces souvenirs me plaisent; mais intéresseraient-ils beaucoup ceux dans les mains de qui ce livre tombera? J'avouerai franchement que j'en doute, et *dans le doute*, a dit le sage, *abstiens-toi*.

L'habitant de ces contrées est heureux ; il peut se reposer après quelques jours de fatigue : le ciel lui est doux et la terre généreuse.

Oublié dans ces campagnes agrestes, ignoré du voyageur, le village de *Ravella* se montre à la sommité d'un rocher. Sa petite église renferme une chaire de marbre d'une exquise beauté : elle est de style mauresque, incrustée de mosaïques, et soutenue par des colonnes que des lions couchés supportent. C'est bien là l'Italie ! l'Italie si riche, que le plus petit de ses hameaux possède des trésors que lui envieraient nos musées.

Il nous avait fallu gravir lentement pour atteindre *Ravella* ; par une marche contraire, nous en descendîmes rapidement, en suivant les dégrès inégaux d'un large escalier taillé dans le roc. Partout de jolies fabriques d'une architecture simple et gracieuse ; partout d'antiques colonnes, soutenant le toit d'un cellier ou d'une étable ; partout des madones reposant à l'ombre d'un vieux chêne. Nous parvînmes à *Minori*, petit port sur la rive, et de là poursuivant notre route, nous ne nous arrêtâmes qu'à *Maggiori*. La grotte de *San-Francesco* nous reçut. Une église fut jadis construite dans son immense excavation ; elle fut ensevelie sous les débris d'un rocher.

De Maggiori à Amalfi, partout les aspects les plus magnifiques se déploient à la vue. Le voyageur laissera-t-il errer son regard sur cette mer sans bornes, ou sur ces collines couronnées de tours ruinées du moyen-âge, ou sur ces criques dont la plage est découpée, ou enfin sur les dômes arrondis de nombreux minarets où l'orient et ses rêves dorés se reproduisent dans leurs formes natives?.... Toujours il sera délicieusement occupé.

Le jour tombait, et bientôt tous ces ravissans détails s'estompèrent dans les vapeurs du crépuscule.
Nous ne vîmes plus que la grande montagne, dont le
pied se baignait dans la mer tandis que son front se
perdait dans la nue. Les beautés éparses du paysage
s'évanouirent complétement devant cette ligne colos-
sale, dessinée à grands traits par la nature.

De retour sous les arceaux de notre couvent de
capucins, nous nous préparions à goûter un peu de
repos, que rendait nécessaire la fatigue de la route,
lorsque la musique la plus étrange parvint à notre
oreille. Un jeune homme, râcleur impitoyable, faisait crier les cordes d'un violon sous son archet no-
vice, tandis qu'un jeune enfant, armé d'un flageolet,
en tirait les sons les plus aigus. Ils nous jouèrent la
tarentella à satiété. Pour varier notre supplice, je
les conjurai de joindre leurs voix à leurs instrumens;
malheureusement ils me prirent au mot, et poussè-
rent alors des hurlemens sauvages, avec une puissance de voix qui ébranla les voûtes de l'ancien monastère. *Il padrone*, attiré par l'attrait de cette
musique infernale, vint y prêter le secours de sa

tonnante basse-taille. Pour faire cesser ce glapissant concert, j'invitai notre hôte à danser la tarentelle ; il s'en excusa : sa femme était malade et ne pouvait le seconder. Toutefois, il l'appela : elle vint aussitôt. Elle tenait sur son sein un enfant qu'elle nourrissait ; une douce pâleur était répandue sur son teint ; sur son front brillaient la franchise et la candeur, et cependant il y avait dans son regard une intelligence vive, et sa physionomie expressive révélait un esprit naturel et prompt. Je lui adressai quelques questions auxquelles elle répondit sans embarras et en excellent italien, particularité dont je fus frappée, car les habitans de ces campagnes le parlent d'une manière inintelligible. Cela, je l'avoue, me donna d'elle une idée favorable. J'ajouterai que l'amitié qu'elle témoignait à une jeune fille, qu'elle me dit être sa sœur, me la rendit plus intéressante encore. Lui ayant demandé si dans son ménage elle faisait sa volonté :

Io fo la volontà del mio padrone e mi ci rassegno, gi anchè non e Iddio mà bensi le donne chi inventarone la pazienza, me répondit-elle.

Je lui offris ensuite beaucoup d'argent en échange de

l'enfant qu'elle allaitait. *Il re di Napoli*, s'écriat-elle en l'étreignant entre ses bras, et comme si ma proposition eût eu quelque chose de sérieux : *il re di Napoli non avrebbé nemmeno lui danoro abbastanza per pagarlo.* Partout les mères ont la même langue : c'est celle du cœur !

ROUTE D'AMALFI A CASTELLAMARE.

XVIII.

13 novembre 183...

En face de notre hôtellerie, nous avons une grotte creusée par la nature dans le rocher ; d'énormes stalactites se suspendent à sa voûte, et leurs franges d'argent en décorent les cintres. J'aime à me reposer sous son abri, j'aime à contempler de loin Amalfi, la mer et les montagnes, qui s'encadrent merveilleusement dans sa vaste ouverture. J'ai passé dans ce lieu des heures délicieuses. J'ai senti que je serais heureuse de vivre là dans le calme. Oui, dans ce climat si doux, sous ce ciel si pur, à l'ombre de ces orangers en fleurs, respirant à pleine poitrine un air vivifiant, c'est là que j'aurais voulu qu'il me fût permis de planter ma tente et d'attendre le jour qui me réunira à l'être adoré que mes pleurs et mes soupirs rappellent en vain !...

Il faut partir, — partir sans espoir de retour. A ce moment d'adieu, mes yeux se sont attachés avidement aux tableaux qui s'offraient en foule. J'ai essayé d'en saisir l'ensemble et les détails, de les graver dans ma pensée, espérant ainsi qu'ils pourraient répondre un jour à l'appel que leur feraient mes souvenirs.

Dans le trajet d'Amalfi à Castellamare (1) se déroulent les aspects les plus variés. On suit d'abord les grèves et leurs sables arides. De vieilles tours gardaient jadis le rivage ; leurs forces redoutables en

(1) C'est la *Velia* des anciens. — Pline la nomme *Helia* et Strabon *Elea*.

écartaient le danger. Aujourd'hui leurs murailles ouvertes sont sans défense ; à peine si le voyageur fatigué y trouve un refuge contre la chaleur du jour. Ensuite on arrive au fond des golfes ; on trouve dans leurs anses échancrées de petits ports d'un aspect riant. Des barques déploient leurs voiles et franchissent l'espace, tandis que d'autres, plus indolentes, se laissent balancer mollement par l'effort paresseux que leur impriment les faibles ondulations de la vague.

En avançant, la route s'élève. On marche dans des sentiers taillés à travers les rochers, dont les aspérités bizarres se dessinent sur l'azur éclatant du ciel. Les oliviers, les caroubiers, les chênes verts croissent sur leurs larges flancs ; ils en dérobent la nudité. On aperçoit çà et là les débris de castels du moyen-âge, dont les créneaux attestent la vieille origine, et la lutte victorieuse du temps sur les ouvrages des hommes.

L'on s'enfonce ensuite dans les gorges des montagnes ; on perd de vue la mer et ses rivages ; on chemine dans les sentiers tracés sous des bois sombres et frais. Au sommet du mont *San-Angelo*, le voyageur s'arrête à la vue du plus magnifique horizon. D'un côté, le golfe de Naples et le Vésuve, Castellamare et Portici ; de l'autre, le golfe de Salerne et un admirable rideau des montagnes dentelées. Je contemplais en silence ce magique tableau, éprouvant que l'admiration n'a pas toujours des mots pour se traduire....

En descendant, la scène change. Nous suivons des ravins ombragés de vieux arbres dont les troncs noueux et les rameaux entrelacés ne laissent qu'un difficile passage aux rayons du soleil. Les pentes inclinées du roc se cachent sous les mousses veloutées et les gazons semés de fleurs. Puis l'aspect devient plus sévère : d'énormes blocs de granit gisent çà et là, et de hautes cascades jaillissent de l'escarpement des monts. Au milieu de ces sites agrestes, nous rencontrons des hommes, des femmes, joyeux habitans des campagnes voisines, se rendant d'un village à un autre, et leur présence anime gracieusement le paysage. Des jeunes filles portent sur leurs têtes des charges pesantes. Leurs beaux fronts rayonnent d'une gaîté naïve ; leurs longues paupières voilent mystérieusement leurs regards , où semblent s'être réfugiés les rayons ardens de leur soleil. Svel-tes , élancées , elles ont dans leurs mouvemens une souplesse et une grâce parfaite ; à peine si leurs pieds nus et agiles posent sur le sol. Comme la biche lé-gère, elles bondissent de rochers en rochers, et s'enfoncent sous l'épaisseur des bois!...

XIX.

15 novembre 183...

Aujourd'hui je me suis reposée. Les réminiscences de notre dernière excursion ont seules rempli le vide de ma journée. En me rappelant successivement, et une à une, chacune des sensations que j'avais éprouvées, elles me semblaient puiser une nouvelle force dans ma mémoire. Il y a mille événemens de la vie dont le souvenir est plus doux que ne le fut leur réalisation. Le parfum survit à la fleur!...

J'ai appris ce matin que la voiture qui transporte les dépêches de Naples à *Ebboli*, a été arrêtée, bien que six gendarmes lui servissent d'escorte. On m'a dit également qu'une barque avait sombré devant Amalfi. Je ne sais si la superstition locale m'a gagnée, mais le récit de ces deux événemens m'a fait adresser un acte de remercîmens au patron des voyageurs à qui nous devons sans doute d'avoir échappé à de tels dangers.

Dois-je le dire? Naples a tout perdu à la comparaison que j'en fais maintenant avec les beaux sites que nous venons d'explorer. La main de l'homme me semble avoir rapetissé la nature, en voulant la ployer aux caprices de l'art. Je préfère les beautés abruptes de l'une à toute la magie d'invention de l'autre.

Je ne chercherai cependant pas à justifier complétement cette préférence : la mélancolie à laquelle mon esprit est enclin explique assez ma prédilection. Je laisse à d'autres le bruit et les plaisirs de la ville ;

je recherche le silence et l'isolement ; et ces côtes solitaires ont éveillé toutes mes sympathies. Leur solitude m'est douce. Je me repose dans leur repos , je suis calme dans leur calme, silencieuse dans leur silence. Que sais-je ? J'aime cette nature telle que Dieu l'a faite , belle d'elle-même , qu'elle soit sombre ou gracieuse, pompeuse ou négligée. Le torrent qui bruit au fond de son lit déchiré , se roulant au milieu d'un chaos de pierres entraînées par sa chute ; les sentiers, à peine indiqués sur les rochers, dont les couleurs funèbres ne s'égaient d'aucune verdure; une vallée où de limpides ruisseaux tracent mille sillons d'argent ; des pelouses émaillées de fleurs, que couronnent le palmier et le pin d'Italie, tout cela me parle , me touche , m'émeut.

C'est sur ces rochers, dans ces sentiers difficiles , près de ces torrens , au sein de ces fraîches vallées que l'on retrouve une vie de pensées et d'émotions : l'indifférence revient avec la foule et le bruit !...

Aujourd'hui j'ai voulu penser à loisir, passer des heures entières dans une contemplation indéterminée, goûter sans trouble *il benedetto far niente*, délice des peuples de ces contrées, qui trouvent, dans l'inaction et la rêverie que provoque leur atmosphère enivrante, des jouissances ignorées de nos climats brumeux. J'ai donc machinalement tracé quelques lignes sans suite, sans correction , comme elles me sont venues à l'esprit.

Ce matin, le ciel était orageux, la mer houleuse ; du Vésuve, couvert de neige, s'échappait une noire fumée ; le soleil, perçant la nue par intervalles, épanchait parcimonieusement sa lumière sur la terre , quelques voiles erraient sur les eaux froides et ternes ; mais l'orage s'éloigna , la nature sourit , et le soleil reparut comme un souverain, qui, après l'exil, rentre dans ses états.

Le culte de la Vierge , ou plutôt celui de la Madone, comme on le dit ici , est un culte spécial de tous les temps et de tous les lieux. Dans les rues , sur les routes, au sommet des rochers, au fond des forêts, auprès des fontaines, on la retrouve dans son sanctuaire. En passant devant son image, le pèlerin se signe et se prosterne. Elle préside aussi à toutes les actions de la vie privée : dans les chambres, une lampe brûle toujours à ses côtés , un rideau lui sert de voile.... c'est le rempart qu'on élève entre elle et la profanation.

A une certaine époque de l'année , la liquéfaction du sang de saint Janvier doit avoir lieu ; elle s'opère devant un peuple suppliant tout prêt à devenir furieux. Mais les saints ne s'exposent pas à la brutalité de leurs intercesseurs. Le sort que ceux-ci leur réserve-raient , s'ils restaient sourds à leurs prières , garantit d'avance que le miracle s'accomplira.

J'ai vu de belles femmes dans le court trajet que je viens de faire : dans leur port, dans la noblesse de leur physionomie, on retrouve les filles de la vieille Rome ; à Naples, petites et brunes, leurs traits sont dépourvus de charme et de régularité. Cependant elles ont du naturel, un laisser-aller qui ne manque pas d'attrait.

Leur désir de plaire est dépourvu d'affectation et de coquetterie : on dirait qu'elles sont tout à fait étrangères à nos ruses féminines; et, sous ce rap-port, il faut l'avouer, elles ont du moins conservé toute leur innocence !.....

Les hommes sont généralement beaux : c'est une méprise de la nature. Ici, elle a remis dans leurs mains le sceptre qu'ailleurs elle nous donne, le seul peut-être dont la civilisation et l'égoïsme du législateur ne nous aient pas ravi la possession !

A Naples, le peuple doit vivre long-temps, car il est sobre et se repose la moitié de sa vie. Les *lazzaroni* ne forment point une classe à part : ce sont les fainéans de toutes les professions. Lorsqu'ils ont gagné en quelques heures ce qui est nécessaire à leur subsistance pendant un jour, ils cessent de travailler, et jouissent d'une voluptueuse oisiveté. En France, les intérêts, et surtout les passions, usent vite; les révolutions davantage : elles ruinent, elles flétrissent l'homme. Nos jeunes gens sont des vieillards; ils ont tant vécu, tant soutenu de luttes en si peu de jours!...

Ici, l'homme reste tel qu'il sort des mains de la nature ; ses vices et ses vertus sont natifs. Il suit ses penchans ; son impulsion est sa loi suprême : la civilisation n'est point encore venue y opposer son frein.

L'obligeance est un des traits distinctifs du caractère des Italiens. Ils sont toujours prêts à rendre service, et s'étudient surtout à ne point blesser par leurs paroles. Aussi n'y a-t-il point de nation moins moqueuse : la raillerie piquante, le rire sardonique, type de notre esprit et de notre physionomie française, ne sauraient s'acclimater chez elle. Je ne crois pas non plus qu'il en existe une plus franche et plus vraie. En discutant les intérêts les plus chers, l'Italien, par la mobilité de sa physionomie, trahit sa pensée intime. L'homme qui est diffus du geste et de la parole, est rarement dissimulé.

Bien que ce peuple soit de bonne foi dans ses croyances religieuses, ainsi que je l'ai dit ailleurs, elles sont toutes entachées d'une grossière superstition. Il se rend dans ses temples comme il court à ses théâtres. La pompe, le bruit, l'éclat, voilà ce qui lui plaît; il sacrifierait à Jupiter, si ses autels étaient entourés de plus de faste que ceux du Dieu des chrétiens. Sa foi, c'est toujours de l'idolâtrie : l'idole seule a changé.

En l'observant de près, on trouve que ce peuple est heureux en dépit de sa misère; il jouit de tout et à toute heure. Pour lui, la veille ne vaut pas un souvenir, ni le lendemain une prévoyance. Ici d'ailleurs la mendicité est sans indigence réelle, la vie est si facile !...

Esclave, l'Italien ne sent pas ses chaînes. Qu'est-ce pour lui que l'esclavage quand il ignore la liberté? Si cet esclavage nuit à sa dignité, aux progrès de son intelligence, du moins n'influe-t-il point sur son bonheur.

Ces populations paisibles savourent les présens de la nature, et semblent n'avoir affaire qu'à elle ; elles se pressent au soleil, vivent de ses rayons, chantent le jour et s'endorment le soir en chantant encore. Leur physionomie morale n'est triste que pour ceux qui les observent : car, pour elles, elles ne désirent pas ce qui leur manque. Elles n'aspirent pas à marquer dans le présent ni à vivre dans l'avenir !... — Serait-il donc vrai que l'homme a dans lui-même tout le secret de son bonheur ?

UN PAUVRE.

XX.

16 novembre 183...

Nous cheminions dans les belles montagnes situées entre Amalfi et le mont *San-Angelo*, profondes solitudes trop peu connues du voyageur, et cependant si dignes de fixer son attention. Il était midi ; nous avions encore une belle journée en perspective. Nous

nous arrêtâmes dans un endroit couvert, auprès duquel était une espèce de masure où nous trouvâmes quelques ressources qui, jointes à celles que notre prévoyance nous avait ménagées, nous permirent d'improviser un frugal repas qu'assaisonna bientôt notre appétit aiguisé par la brise matinale.

A peine étions-nous assis, qu'à quelques pas de nous, j'aperçus un vieillard appuyé contre le rocher même qui nous servait d'abri. Frappé de la pénétration et de la finesse de son regard, je l'observai pendant quelques instans : l'infortune et les souffrances de l'âge n'avaient point imprimé à ses traits leur douloureuse expression ; l'indifférence y dominait : on eût dit que cet homme était étranger à son malheur.

Par un mouvement spontané, je quittai ma place et m'approchai de lui, plutôt, je le confesse, par curiosité que par un sentiment d'intérêt ; sa misère n'était pas de celles qui touchent : elle pouvait être une injustice du sort, mais elle avait encore d'autres causes qui devaient appartenir à celui-là même qui en subissait les tristes résultats.

Je lui donnai quelques pièces de monnaie ; il s'in-

clina respectueusement, et me dit : « Dieu vous
« rende, madame, dans un monde meilleur, ce que
« vous faites pour un malheureux. » Je ne fus pas
médiocrement surprise d'entendre en ces lieux cet
homme s'exprimer en bon français. A mes soudaines
questions, il comprit que je désirais obtenir des détails sur sa vie, et ne me les fit pas attendre. Il s'ap-
procha du lieu où nous étions, s'assit sur un tertre,
et nous fit le récit suivant. J'ai tâché d'en conserver
la couleur. Le voici :

« Je dois vous dire d'abord que ma vie n'offre aucun de ces événemens bizarres, extraordinaires, qui
frappent vivement l'imagination. Mais oserai-je ra-
conter mon histoire, et me dépouiller ainsi volontai-
rement du seul intérêt qui s'attache au malheur, en
vous révélant que ce n'est pas la fatalité des circonstances, mais bien un enchaînement de fautes plus
ou moins graves, qui m'a réduit à l'état où vous me
voyez? Faudra-t-il que j'arrache le dernier voile
qui me couvre, et que j'étale à vos yeux les misères
de mon ame, plus affreuses encore que celles qui re-
poussent vos regards?

« Le vieux pauvre que vous avez devant vous, sous les livrées de l'indigence, ne les porta pas toujours. Quelques flatteuses voix lui ont souvent dit que la nature avait été généreuse envers lui, et l'avait traité en enfant gâté.

« Je devais le jour à un homme justement considéré : mon père avait exercé avec distinction l'état de médecin, et ses prévoyantes économies l'avaient rendu possesseur d'une belle fortune, dont il usait noblement.

« Je fus le seul fruit d'une douce union. Dès mon bas-âge, je perdis ma mère, et mon père entoura dès lors mon enfance des soins les plus tendres et les plus vigilans.

« Il me prodigua des maîtres de toute espèce ; je profitai de leurs leçons, et ma jeune intelligence faisait l'orgueil de l'auteur de mes jours, et celui de mes professeurs. A douze ans, je passais pour un prodige ; à seize, mon père exigea que j'entrasse dans la carrière où il s'était distingué. Par son ordre, j'allai étudier la médecine dans une grande ville du midi de la France, dont la faculté est en renom.

Trois années d'études infructueuses ne firent de moi, je dois le dire, qu'un mauvais praticien. Je suppliai mon père de ne point me forcer à exercer une profession si contraire à mes goûts. Je lui exprimai alors le désir d'être avocat; il souscrivit à ce vœu, et je fis mon droit avec plus de succès; mais au moment de recueillir le fruit de mes travaux, la même inconstance d'idée se manifesta, et j'abandonnai tout.

« J'écrivis à mon père pour me justifier de ce nouveau méfait, et je lui peignis en traits si vifs le bonheur de vivre près de lui et pour lui seul, que mon pardon me fut aisément accordé. Il me reçut à bras ouverts, ce bon père; il pensa sans doute que jeune, bien fait et riche, je n'avais qu'à jouir de la situation qu'il m'avait assurée par d'honorables labeurs.

« Une famille opulente et noble vivait dans une terre contiguë à la nôtre. Une jeune fille en faisait tout le charme; mon père songea à nous unir. La famille de celle-ci agréa sa demande, et le mariage fut aussitôt conclu. Celle qu'on me donnait ainsi n'avait fait sur moi aucune impression. Je me mariai avec l'indifférence qui avait présidé à mes actions antérieures.

« Au bout de quelques semaines, la femme que j'avais vue sans amour et sans haine, devint pour moi l'objet d'une violente antipathie, lorsque je pensai qu'une chaîne éternelle nous liait à jamais ; je voulus la secouer, je le fis sans ménagement ; elle se brisa, et dès lors je résolus de fuir sans retour. J'exécutai ce projet. J'abandonnais une fortune brillante, je quittais une femme jeune et belle ; oui, mais je retrouvais la liberté, ma maîtresse adorée ! la liberté sans entraves, seul trésor que désormais rien ne pourrait me ravir.

« Je partis la nuit même. J'ignore l'effet que produisit ma fuite, car, depuis cette époque, je devins complétement étranger à ma famille. Voilà, madame, le commencement de mes fautes. Comment oser poursuivre la confession d'un fou, d'un coupable qui a rompu les liens les plus sacrés et joué avec tout dans la vie ? Toutefois, j'aurai le courage de poursuivre ; aurez-vous celui de m'entendre ?...

« Après quelques mois de dissipation, je me trouvai dans un dénûment absolu. Je résolus enfin d'utiliser les connaissances que j'avais effleurées dans ma jeunesse : je me fis médecin.

« Je m'établis dans une ville secondaire. A force d'intrigues, je réussis à me former une belle clientèle. Je dois ici avouer à ma honte que dans le traitement des diverses maladies confiées à mes soins, j'agissais au hasard, ne connaissant pas la valeur des remèdes, ni les cas où leur application devenait nécessaire. Vous comprenez facilement qu'une telle ignorance entraîna force malheurs; aussi mes malades passaient-ils si promptement de la vie à la mort, que j'en étais moi-même épouvanté. Enfans, vieillards, tout disparaissait : la jeunesse et la force ne pouvaient pas même triompher des traitemens que je leur faisais subir.

« Tout à coup l'opinion se montra véhémente; tous le pays se souleva, et je dus fuir pour me soustraire à la fureur des habitans, car elle ne connaissait plus de bornes.

« J'eus bientôt absorbé mes faibles épargnes; je

me trouvai de nouveau dans une horrible gêne, riche seulement d'iniquités!... J'avais envoyé tant de vivans dans l'autre monde qu'il ne me souriait pas d'y aller à mon tour ; ainsi, quoique je fusse assez mal dans celui-ci, je n'eus pas la pensée de le quitter.

« J'étais dans une de ces dispositions où l'on flotte incertain, où l'on accepte ou refuse, rejette ou adopte, sans raisons précises, la première situation qui se présente.

« Ma robe de médecin me restait ; j'en fis une d'avocat ; et, dans une ville assez distante de celle où j'avais exercé l'art de guérir, je me produisis comme un humble enfant de la chicane. La manière dont on m'accueillit m'encouragea, et je me mis à l'œuvre. Je vous épargne le détail de toutes mes bévues, et des procès que je perdis. Les meilleures causes, entre mes mains, devenaient infailliblement mauvaises. Les plaideurs mécontens m'assiégèrent tous ensemble, et je me vis bientôt autant de procès sur le corps que j'en avais fait perdre : la place n'était plus tenable.

« Mes malheurs récens n'avaient pas même altéré

ce fonds d'insouciante philosophie dont la nature m'avait si largement pourvu. Je ne trouvai rien de mieux à faire, après avoir donné tant de passeports pour l'autre vie, après avoir mis l'humeur de mes cliens à de si rudes épreuves, je ne trouvai rien de mieux, dis-je, que d'amuser les pauvres humains, de les faire s'échapper à eux-mêmes par quelques heures d'un doux délassement.

« Le hasard, je dirais presque ma bonne étoile, me fit rencontrer par le directeur d'une troupe de comédiens ambulans qui couraient la province. Il m'avait entendu plaider, et s'était épris pour mon débit d'un véritable enthousiasme. Je ne fus pas médiocrement surpris lorsqu'un matin, et au moment où je me disposais à une nouvelle fugue, il vint m'offrir un rôle actif dans sa troupe. Le dirai-je? le piquant et la nouveauté de cette situation, si en dehors de celle que la nature m'avait destinée, me déterminèrent à accepter son offre. Me voilà donc essayant mon nouvel emploi, et remplissant les rôles de valets, dont je me tirais avec quelque intelligence.

« C'est ainsi que s'écoulèrent plusieurs années de

ma vie, d'aventureuse mémoire. Elles furent fécondes en événemens de tout genre. Il n'est point de folies, d'extravagantes pensées qui n'aient été par moi aussitôt exécutées que conçues.

« Je plaisais au public. L'approbation et le rire me précédaient sur la scène, et je recueillais chaque soir, dans des applaudissemens unanimes, les marques d'une faveur toujours croissante. Tout semblait aller le mieux du monde ; mes recettes étaient grosses ; mais, je dois le dire, mille fantaisies sans cesse renaissantes épuisaient en quelques heures le gain de plusieurs semaines.

« Je menais joyeuse vie. L'engoûment du public, car j'étais devenu indispensable à ses plaisirs, suspendit l'orage que plus d'une méchante affaire avait appelé sur ma tête. Je devais à toute la ville : aux marchands pour les besoins usuels, aux juifs qui m'avaient vendu au poids de l'or le plaisir de me ruiner, et la liste de mes dettes était plus longue qu'aucun de mes rôles les plus importans. La tempête s'élevait, grossissait, si bien qu'elle éclata avec une effroyable impétuosité. Quelques heures encore, j'é-

tais sous les verrous. Je ne dus qu'à mon adresse d'é-
chapper aux sbires de la justice.

« Qu'il est loin le temps où le pauvre mendiant que
vous avez devant les yeux, et dont ils se détournent
avec mépris et dégoût, était jeune encore, d'un esprit inventif, habile dans tous les genres de fourbe-
ries, excellant dans les arts d'agrément, comédien
dans l'ame, jouant le sentiment, la passion, l'amour,
le désespoir, comme les rôles dont il avait orné sa
mémoire. Que votre imagination me prête un moment tous les avantages que j'avais alors, et vous se-
rez moins surprise lorsque vous saurez qu'une veuve,
puissamment riche, voulut bien jeter les yeux sur un
misérable comédien poursuivi par les recors. Elle mit
à ma discrétion une partie de sa fortune : je fis de la
délicatesse ; elle s'en offensa ; enfin je me laissai faire
violence, et mes dettes furent entièrement acquittées.
En peu de jours, je me trouvai délivré des protêts et
des huissiers, respirant à l'aise, et devant à la munificence de ma veuve une somme assez ronde,
destinée à servir à mes nouveaux besoins.

« Je prévis rapidement où pouvait me conduire

l'excès de son enthousiasme, et je me vis bientôt l'heureux possesseur de sa fortune. Né avec un riche patrimoine, j'avais uni mon sort à celui d'une femme jeune et belle ; j'avais dédaigné l'un et l'autre. Maintenant, je briguais la faveur d'épouser une vieille qui ne pouvait m'offrir que la moindre part de ce que j'avais sacrifié de gaîté de cœur. Étrange inconséquence de l'homme ! il méprise ce qu'il a, regrette ce qu'il perd, court après ce qu'il ne peut plus atteindre, meurt de satiété, ou s'use de désirs !...

« Ma noble dame me déclara enfin qu'elle avait résolu de lier son sort au mien ; et, après de longues résistances de ma part, qui aiguillonnaient terriblement son impatience, je me rendis à ses désir. Quelques jours encore et nous allions être unis, lorsque, par la plus odieuse de toutes les trames, on lui apprit, de manière à n'en pouvoir réfuter un seul, tous les détails de mes espiégleries; et mon mariage et ma fuite, et le deuil de ma femme qui vivait abandonnée, et la fin précoce de mon père qui, à sa dernière heure, m'avait privé de tous ses biens.

« Son roman, ses espérances, tout son avenir s'é-
vanouissaient en un moment. Je ne fus plus à ses
yeux qu'un parjure, qu'un infâme, et sa haine s'accrut de toute la violence de son amour déçu.

« Son abord fut orageux, son allocution brève et
nette ; elle m'intima l'ordre de sortir à l'instant de
sa présence. Que faire alors? Fuir comme un sot?
Avoir compromis le fruit de deux années de dissimu-
lation et de fatigues? C'était un rude sacrifice : je
n'eus pas la force de l'accomplir! J'avais entre les
mains une somme considérable; ma veuve l'oublia
dans sa fureur, et moi, hélas ! je m'en ressouvins
trop. Je partis donc bien pourvu, et décidé à ne
m'arrêter que lorsque je serais assez loin pour échapper à sa colère.

« Mais comment désarmer la haine vindicative
d'une femme?... Elle découvrit et mon vol et ma
fuite, et jura que la vengeance surpasserait le crime.
Malgré mes soins infinis pour me dérober à ses pour-
suites, elle m'atteignit bientôt dans ma retraite. C'est
alors, madame, que je passai par toutes les tortures
d'un procès long et infamant, suivies d'un arrêt dé-

finitif, qui m'envoya pour dix ans aux galères! Dix ans d'ignominie, d'angoisse et de honte, qui ont fait, d'un homme jeune encore le vieillard décrépit que vous écoutez....

« Que d'amères réflexions sont venues m'assaillir dans ce cloaque impur! J'eus parfois la pensée de m'ôter la vie; mais l'espérance, ce songe de l'homme qui veille, me leurrait d'un avenir de liberté. Après quelques années, je repris courage; je retrouvai même des éclairs de gaîté, avec ce mépris de tout, du temps, des hommes, des choses : cynisme effrayant dans le bonheur, utile philosophie dans l'adversité.

« J'arrivai enfin au terme de ma peine : je sortis du bagne plus vertueux que je n'y étais entré. La basse perversité de mes compagnons m'inspira toujours un invincible dégoût.

« Rentré dans la société depuis cinq années environ, je l'ai trouvée dure, implacable. On a ri de ma douleur, on a vu ma détresse sans pitié; j'ai eu faim, j'ai eu froid, j'ai souffert, et j'ai fait horreur!... Et l'on m'a repoussé; et le monde impitoyable eût fait de moi un scélérat profond, si mon cœur, répondant à ses injurieux mépris , se fût fermé à la voix de l'honneur, à celle du repentir : car Dieu m'est témoin que j'ai pleuré long-temps sur les er—reurs de ma jeunesse.

« Enfin aujourd'hui , au déclin de ma vie , j'en ai l'espoir du moins, je ne désire plus rien. Le lende-main même ne me préoccupe pas un seul instant. La destinée me le promet-elle? Un peu de pain, un abri pour la nuit, les rayons du soleil pour réchauffer mes membres engourdis, et le vieux pauvre est con-tent. Si parfois une main généreuse soulage libérale-ment ma misère, j'éprouve alors un vrai bonheur à partager avec un autre mon superflu.... il faut si peu pour une journée!... La justice céleste est tardive ici-bas ; mais la mort vient tout niveler. Ils sont lé-gers les regrets du malheureux, quand il quitte la vie. Au contraire, le riche s'y cramponne et ne l'a-bandonne qu'avec terreur. L'un espère que tant de maux sur cette terre lui ont conquis un heureux ave-nir ; l'autre, qui n'a pas toujours fait un noble emploi de l'opulence , redoute une destinée nouvelle. Le premier s'endort avec calme sur sa couche de paille ;

l'autre, s'éteint dans les convulsions d'un songe horrible, sous des rideaux de soie et d'or !... »

J'avoue que je n'écoutai pas sans étonnement ce langage, et sans intérêt ce récit. Je voulais essayer par quelques conseils de relever l'esprit abattu du vieillard.

« Je n'ai plus qu'à mourir, me dit-il, au sein de cette belle nature ; oui, c'est là que je veux m'endormir sous un arbre ou sous une roche hospitalière. J'ai quitté le doux ciel de France, qui a éclairé mon berceau, et je suis venu demander une tombe à l'Italie. C'est la nature seule qui a fait rentrer quelques bons sentimens dans mon ame. J'ai levé les yeux vers le ciel, et j'ai conçu l'espoir du pardon, car j'ai beaucoup souffert, et Dieu est clément.... Que ce soit donc la nature encore qui me soit secourable au dernier jour. »

Ici le pauvre se tut, et une larme brilla sur sa paupière.

J'exigeai qu'il me fît une demande ; qu'il dût au moins quelque chose à l'intérêt qu'il m'avait inspiré. Après avoir recueilli long-temps ses idées, comme si son heureuse position lui rendait un désir impossible, il me dit : « Je vous demande de faire donner une sépulture à mes tristes dépouilles, qu'un peu de poussière les recouvre, et qu'une pierre apprenne au voyageur que la terre qu'il foule s'est refermée sur un infortuné!... Mais que souhaité-je, hélas, quelle folie est la mienne! qui sait où me conduira l'instabilité de mes volontés? qui sait où je tomberai épuisé? L'homme ignore quel coin de terre gardera sa cendre, et où le vent de l'adversité la portera!... »

Je parvins difficilement à faire encore accepter quelques pièces de monnaies à cet homme singulier. « Assez », me dit-il. Il s'inclina respectueusement, et je le vis descendre dans un ravin profond, après quelque hésitation, car il paraissait incertain sur le chemin qu'il devait prendre, laissant au hasard sans doute le soin de le diriger. Je me sentis, malgré moi, le cœur serré. Cet infortuné n'avait plus d'asile, pas un ami dont la main dût fermer ses yeux à sa dernière heure!...

Je le vis encore long-temps sur la route qu'il suivait à grands pas. Un jeune enfant s'offrit sur son

passage. Je reconnus au mouvement du mendiant,
qu'il avait partagé avec lui le peu que nous lui avions
donné ; puis , d'un geste expressif , il commanda à
'enfant de s'éloigner. Il voulait n'avoir que le ciel
pour témoin de sa vie et de sa mort !

POUZZOLES.

XXI.

16 novembre 183...

Nous sommes allés visiter Pouzzoles et ses antiquités.

Après avoir longé Chiaja, on arrive à la grotte
du Pausilippe, route grande et spacieuse, travail merveilleux, œuvre de géans. Percée de temps immé-

morial dans le tuf volcanique, elle a environ un mille de longueur sur vingt-huit pieds de large, et, suivant les endroits que l'on mesure, de trente à quatre-vingts pieds de hauteur. Des dalles de lave en forment le pavé ; quelques lampes éparses, et les faibles lumières qui brûlent au pied des madones, en dissipent à peine l'épaisse obscurité (1). Des voitures élégantes, des *contadini* conduisant leurs chars, des moines tirant par la bride leurs mules rétives, des hommes à pied et à cheval se poussent, se heurtent, se choquent et se renversent dans ce noir défilé, au milieu du bruit incessant et confus de mille voix humaines, tandis que, profitant du désordre et de l'ombre, d'adroits filous exercent impunément leur industrie.

Sortis de la grotte du Pausilippe, nous reprîmes la route qui suit les rives du golfe, et nous aperçûmes bientôt l'île de Nisida, que des feux souterrains et les

(1) Strabon, géographe célèbre, historien grec, mort sous Tibère vers l'an 25 de l'ère chrétienne, et le philosophe Sénèque, mort sous Néron l'an 65, en parlent l'un et l'autre. — Deux fois l'an seulement, aux mois de février et d'octobre, les rayons du soleil la traversent tout entière.

envahissemens des eaux ont détachée du continent.
A sa vue, des noms illustres revivent dans la mémoire. Elle servit de refuge à Brutus, meurtrier de
César ; elle recueillit aussi les adieux de Porcie. En
approchant de ses bords, je lus cette inscription :
« Arrête ton navire, homme de mer; attache le gou-
« vernail, cargue les voiles : c'est ici le terme des
« travaux et le lieu d'un doux relâche. »

Mais voici Pouzzoles développant ses lignes gracieuses et planant sur le golfe. La mer a gagné la
plage et submergé quelques terrains de la partie basse.
Le monte Nuovo, par l'effort des convulsions volcaniques, fut improvisé près de la ville pendant une
nuit. Les souvenirs historiques et fabuleux se pressent sur cette rive : les noms de Dédale, d'Hercule,
d'Ulysse, d'Énée, se lient par une chaîne invisible à
ceux de Cicéron, de César, de Tacite et d'Horace.
La poésie, la fable et l'histoire sortent ici du même
berceau.

Les ruines antiques de Pouzzoles sont remarquables entre toutes celles dont le sol de l'Italie est jonché.
Mais le monument le plus intéressant est un temple

que, sans aucune raison plausible, on a nommé le
temple de Sérapis. Ce majestueux édifice, dont les
tremblemens de terre ont aussi secoué les débris, a
été découvert au milieu du siècle dernier. Partout ici
l'œil s'arrête sur des colonnes mutilées, des piédestaux, des autels renversés ; des monceaux de
marbre et de fragmens sculptés dorment sous les
eaux stagnantes que le lac Lucrin a répandues dans
l'enceinte du vieux temple. Trois colonnes, que le
temps a laissées debout, se dressent au milieu de cette
dévastation. Voilà la pierre des sacrifices, l'anneau
de fer où l'on attachait la victime, les trous par lesquels son sang s'écoulait. Ici tout est triste, tout est
morne. Si la brise du soir vient expirer contre ces
colonnes et ces murailles écroulées, c'est comme une
plainte funèbre qui s'élève et meurt au milieu de ces
débris !...

Nous jetâmes un coup d'œil rapide sur les autres
antiquités de la ville. La cathédrale, bâtie sur les ruines d'un vieux temple, porte encore dans son enta-
blement l'inscription qui atteste son origine.

On remarque les restes d'un môle, connu vulgaire-

ment sous le nom de *Ponte Caligula*. La vague,
dans son choc répété, n'a pu le détruire encore.

En revenant à Naples, nous passâmes devant la
chaîne des galériens. Ils exploitaient une carrière
voisine de la route. Un accident, arrivé à notre voiture, nous contraignit à nous arrêter devant eux.
Comme l'observation est la première loi imposée aux
voyageurs, j'examinai attentivement leurs physionomies.

Je remarquai particulièrement deux hommes enchaînés ensemble : leurs vêtemens, leur tenue, diffé-
raient de celles de leurs compagnons. L'un des deux,
d'une taille athlétique, paraissait dans toute la vigueur de l'âge : ses traits n'avaient pas de type carac-
térisé ; rien en lui ne décélait le grand coupable. Il
n'y avait dans son regard ni volonté ferme ni décision
absolue ; on n'y lisait que la duplicité et la fourbe-
rie. Le gardien m'apprit qu'il y avait vingt ans qu'il
était à la chaîne, et qu'il en comptait au plus quarante. Je voulus savoir quel crime lui avait mérité
ce châtiment. Voici ce que j'appris de lui-même :

Calabrois de naissance, il appartenait à une an—

cienne famille de ces contrées. Ses premières années s'étaient consumées dans des courses aventureuses. Revenu sous le toît paternel, il s'éprit d'une jeune fille et l'épousa. Les commencemens de leur union furent heureux ; mais bientôt il crut apercevoir une intelligence coupable entre sa compagne et un frère à lui, son aîné de plusieurs années, qui était entré dans le sacerdoce par la volonté de ses parens. Il dissimula d'abord ses craintes, afin d'exercer une surveillance plus rigoureuse sur les coupables. Il ne tarda pas à s'assurer de son déshonneur : il voulut dès lors que la vengeance égalât l'affront qu'il avait reçu. Le lendemain du jour où il avait acquis la fatale certitude, était consacré à une fête solennelle. Il courut à l'autel où son frère célébrait les saints mystères ; au moment de la consécration, et quand le peuple, devant l'hostie, abaissait son front dans la poussière du temple, il plongea son poignard dans le sein de l'imposteur qui, avant d'expirer, reconnut dans la main qui l'avait frappé celle d'un frère outragé.

En me faisant ce tragique récit, les traits du galérien n'éprouvaient aucune contraction : il n'y avait dans son regard, ni le feu de la vengeance satisfaite, ni le voile morne du remords : son ame s'était flétrie par le contact et les souillures de ses compagnons de misère et d'opprobre.

Je passai du fratricide à un autre galérien, dont les traits étaient empreints de la plus brutale énergie, et, en déposant mon aumône dans la main qu'il me tendait : « Qui vous a conduit ici ? » lui dis-je. *Una piccola cosa*, me répondit-il; et en ce moment un de ses camarades, placé derrière lui, me faisait comprendre par un geste très expressif qu'il avait assassiné.

J'avoue que j'éprouvai un effroi involontaire, en songeant de combien de crimes devaient être chargés ces assassins de profession, dans un pays où la férocité est naturelle au peuple et le meurtre si commun.

Le soir, je m'étonnai devant un Italien de l'indulgence d'une législation qui ne punit l'homicide que par les galères : « Si tous les meurtriers étaient punis « de mort, me dit-il, on dépeuplerait l'Italie. »

Naples ce soir était radieuse, embaumée et coquette. Que de luxe, que de misère, que de parfums,
que de souillures !...

NAPLES.

XXII.

17 novembre 183...

J'ai commencé la journée dans la chapelle ardente du cardinal Ruffo ; et je l'ai achevée à San-Carlo. Vraie journée de spectacle ; rien n'y a manqué, pas même la bruyante gaîté, ni les joyeux lazzis des oisifs du môle.

On me pardonnera sans doute cet étrange rapprochement, quand j'aurai dit que j'ai trouvé plus de rire, plus de rumeur à la cérémonie des funérailles d'un prince de l'Eglise, qu'au théâtre de Saint-Charles, où tout s'est passé selon les règles de la plus sévère étiquette ; qu'au môle, où il y a eu dans les joies du peuple de la franchise, mais moins d'emportement. Historien fidèle de ma journée, je passerai donc immédiatement de la chapelle à l'Opéra.

Après avoir traversé les salles spacieuses du Palais-Cardinal, qui, pour quelques jours, ont caché leurs somptueuses tentures sous des voiles noirs, où il ne reste de la magnificence de l'ancien possesseur que son blason couronné d'un chapeau rouge, nous sommes arrivés à la chambre sépulcrale. Là, sur un lit de parade, vêtu de ses habits sacerdotaux et le visage découvert, Louis-Scilla Ruffo livre aux railleries du peuple des traits flétris par l'âge, et chargés déjà des teintes vertes du trépas !...

Le voilà couché sur ce lit orgueilleux, sans puissance et sans vie, l'homme qui fut l'instrument des vengeances de l'implacable Caroline ; l'homme qui, d'une femme impure, de cette lady Hamilton, plus célèbre encore par ses excès que par son esprit et sa beauté, servait les caprices et les haines ; voilà l'homme qui fit trembler tout ce que Naples renfermait de citoyens généreux !...

C'était lui, c'était le cardinal Ruffo, ambitieux courtisan qui, sans principe d'honneur ni de morale, ayant toujours mille expédiens pour réussir, et n'en rejetant aucun tel qu'il fût, véritable chef de brigands dont les meurtres ensanglantaient la ville, c'était lui qui voyait les massacres et les approuvait ! c'était ce Ruffo qu'un Mammonè Gaëtano, meunier de profession, monstre le plus abominable que la terre ait jamais produit, qui se plaisait à voir sur sa table une tête fraîchement coupée, et qui, dans un crâne humain, buvait son propre sang quand celui d'un autre lui manquait ! C'était Ruffo, dis-je, qu'un Mammonè Gaëtano appelait *son ami*, en lui rendant en cela l'honneur qu'un monarque lui faisait à lui-même. Ferdinand écrivait de Sicile à cet assassin : **MON GÉNÉRAL ET MON AMI** !!! (1)

—————

(1) Pour ces détails, lisez Cuoco. L'écrivain napolitain ajoute, en s'adressant aux Anglais : « *E voi, Inglesi, voi che*

J'arrêtai avec une indéfinissable terreur mes regards sur les regards éteints, sur les lèvres bleues de ce prêtre, naguère si redouté.... Combien d'amères paroles circulaient parmi les spectateurs et insultaient à ses livides restes !...

Je croyais trouver en ce lieu la prière et le recueillement : je n'y trouvai que le bruit et le scandale. Envahie par des prêtres, des moines, des sbires, la chambre funéraire retentissait de dures interpellations et de cris confus. J'aurais pu me persuader que j'assistais à quelque fête publique, dont l'allégresse va quelquefois jusqu'au délire, si les livrées funèbres qui tapissaient les murs, si les lentes psalmodies des prêtres ne m'eussent pas rappelé que j'étais devant un lit mortuaire. Mais je m'éloignai d'un spectacle à la fois si triste et si repoussant. La foule joyeuse qui nous précédait nous ouvrit le chemin : une autre solennité l'appelait ailleurs, et nous suivîmes ses pas.

La fête de la reine-mère a mis sur pied tous les régimens ; ils étaient sur les places et dans les rues

chiamate i più colti, più buoni tra' popoli; voi stessi permetteste, voi vedeste voi anche eccitaste tali orrori!... »

leurs brillans uniformes. Les officiers chamarrés d'or
et de cordons paradent et font merveille sur leurs
coursiers fringans. Leur air fier et martial leur sied
à ravir ; que ne l'ont-ils encore les jours de bataille !...

Au môle, tous les bâtimens sont pavoisés : le bruit
de leur artillerie répond aux fanfares des trompettes,
et aux sons bruyans des tambours ; mais *Pulcinello* n'a point aujourd'hui abdiqué ses droits. Je le
retrouve au môle, toujours gai, toujours fantasque et
toujours applaudi : les auditeurs bénévoles ne lui
manquent jamais.

Je m'avance, je pénètre dans les rangs d'une foule
attentive, qui entoure un homme mesquinement vêtu
d'un habit noir râpé. Il récite, et sa déclamation est
redondante et sonore, comme celle de nos anciens
acteurs. Les combats, les prouesses chevaleresques du
moyen-âge, les princesses enchantées, les magiciens,
jouent un grand rôle dans ses pittoresques improvi-
sations ; puis il redit les vers du Tasse et de l'Arioste ;
et le lazzarone l'écoute avec orgueil, avec ivresse, car
il répète les chants de ses poètes nationaux.

Je considérais avec intérêt ces hommes du peuple : ordinairement d'une indolence brutale, les voilà maintenant silencieux, attentifs ! L'improvisateur les remue à son gré ; il leur arrache des larmes où les fait bondir de joie ; il les glace de terreur ou les fait pâmer d'aise. Il y a donc dans ces ames des cordes qu'on peut faire vibrer encore ? La Poésie leur parle bien haut. La Poésie, chez quelques peuples, fut la fille de la Liberté ; chez d'autres, elle en devint la mère !…

Je suis allée ce soir à San-Carlo, le plus vaste théâtre dont on puisse concevoir l'idée. Il est le rendez-vous de la haute aristocratie ; elle s'y montre chaque soir fastueuse et coquette, dans ses petits salons soyeux. C'est là qu'elle reçoit, qu'elle fait ses visites, qu'elle donne ses audiences, intrigue, fait de la politique ou de la galanterie. Elle parle avec autant de liberté et d'éclat que dans ses appartemens ; n'écoute qu'un air ou deux, encore faut-il qu'un *chut* prolongé l'avertisse qu'elle doit baisser le diapason de ses entretiens particuliers.

J'avais rêvé l'Italie comme tous la rêvent. La terre

classique des arts, la terre natale de la peinture, de la musique et du chant. Je croyais que sous ce beau ciel, dans cette atmosphère suave et tiède, les accens de l'homme devaient être plus harmonieux; qu'une langue si douce, si sonore devait ajouter à l'éclat de la mélodie. Je cherchais cette terre des Titien et des Pergolèze, des Paul Véronèse et des Cimarosa!... triste déception! les écoles de peinture ne manquent pas; on compte encore bon nombre de conservatoires; mais ni les professeurs, ni les élèves n'ont gardé l'héritage des grands maîtres : le génie de ceux-ci a laissé des modèles qui n'ont point trouvé d'imitateurs, et cependant la nature n'a pas cessé de prodiguer à ce peuple toutes les richesses de l'intelligence et de l'imagination.

Les théâtres les plus en renom sont généralement pauvres d'artistes du premier ordre. J'ai entendu quelques belles partitions savamment exécutées; mais rien de saisissant, rien d'imprévu, rien de supérieur!... Toutefois, il faut le dire, la musique est encore le seul art qui ne soit pas mort en Italie.

Mais cette digression m'a éloignée de San-Carlo,

où je reviens pour en finir en deux mots avec ses pompes théâtrales et son brillant auditoire. Des milliers de bougies éclairaient la salle, et servaient à faire ressortir le mauvais goût des dorures dont elle est surchargée.

On donnait *la Semiramide*. En revoyant Lablache, je me crus au théâtre de la place Favart ; sa voix puissante remplissait la salle : il eut, dans le rôle d'*Assur*, des inspirations chaleureuses et dramatiques. Le public resta froid ; je m'en étonnai ; on me dit que la cour, qui assistait à la représentation (c'était jour de gala), devait donner le signal des applaudissemens : elle se taisait !

Après l'opéra vint le ballet ; il captiva l'attention générale : on avait été sourd à la musique, on eut des oreilles pour la danse !

XXIII.

18 novembre 183...

J'ai consacré toute ma journée à une seconde visite au Musée ; j'ai le regret de ne pouvoir indiquer que le nom des chefs-d'œuvre et des richesses qui y sont entassés. Ces notes succinctes ne me permettent pas de les étudier, ni d'entrer dans des détails qui rempliraient à eux seuls un énorme volume. Je signalerai

donc brièvement ce que j'ai contemplé avec une admiration tout exclusive.

Près de quelques portraits dus au pinceau de Ra-
phaël, j'ai vu des tableaux d'un mérite supérieur, de
Parmigiano, du *Titien*, de l'*Espagnolet*, de
Salvator Rosa, de *Paul Véronèse*, et d'autres
encore dont le coloris et la grâce attestent le génie
de *Schidone* et de l'*Albane*.

Dans les salles du rez-de-chaussée, tout un peuple
de statues est rassemblé. Je ne dois pas omettre de
faire remarquer que le peu de fouilles faites à Herculanum a produit une récolte bien plus abondante
que celle qui est résultée des fouilles de Pompéia ;
mais on doit se rappeler, et je crois l'avoir dit ailleurs, que cette dernière ville avait été dépouillée
d'une partie de ses richesses par ceux de ses habitans
qui l'avaient quittée avant son ensevelissement.

Les statues de MAMIUS, d'AUGUSTE, de NÉRON,
de CLAUDIA DRUSUS, d'ANTONIA, des BALBUS (1),
protecteurs d'Herculanum, trouvées dans cette ville,

____

(1) Nelson, en faisant le siége de Naples, fit sauter la tête
de l'une d'elles ; elle a été assez heureusement remplacée.

ainsi que celles de Platon , de Sapho , de Scipion l'Africain, enlevées de Pompéia , sont toutes l'œuvre du plus habile ciseau.

Le Gladiateur blessé a mort est d'une effrayante vérité ; il chancelle , il va mourir.

Une Flore, recueillie dans les thermes de Caracalla , est merveilleusement conservée ; elle est belle, bien que ses formes me semblent un peu lourdes.

Que dire de l'Aristide, d'une pose si simple et si noble, et l'une des plus étonnantes merveilles que l'antiquité ait laissées aux générations actuelles ! Canova, juge, peut-être le seul capable d'apprécier un si magnifique ouvrage, se plaisait à le contempler souvent. Il grava sur le pavé le point où l'on doit se placer pour ne perdre aucune des perfections de cet œuvre du génie.

Il y aurait encore, dans ces salles, cent autres marbres à citer avec éloge ; mais ce serait un catalogue interminable, pour peu que je voulusse seulement dire quelques mots de chacun d'eux. J'arrive donc, sans m'arrêter, à la dernière salle, où l'on a réuni les Vénus du premier et du second ordre.

Il s'est audacieusement introduit parmi elles quelques princesses et quelques épouses de Rois, et l'on est désagréablement surpris de voir leurs augustes, mais assez laides figures, placées sur des corps délicieusement modelés, et dont aucun voile ne dissimule les contours. Voici des Vénus (1), dignes de leurs sœurs de Florence et de Rome (2). L'Amour est près de l'une d'elles : comment, à la grâce de ses traits enfantins, le statuaire a-t-il pu allier la majesté d'un dieu?

La collection des bronzes est la partie la plus curieuse *dei, studi* car elle est unique. On trouve ailleurs des statues et des édifices, ouvrages des Romains; mais Naples seule possède l'histoire monumentale de leur culte, de leurs usages, de leur vie intérieure.

Rien ne manque à cette collection. Voici les trépieds, les autels, les urnes, la hache du sacrificateur, le couteau qui ouvrait le flanc de la victime pour consulter ses entrailles; enfin, les vases qui recevaient son sang.

(1) Callipige, Genitrice, Accroupie.
(2) De Médicis, du Capitole.

Ici, des candelabres où se suspendent les lampes, des tables en bronze richement ciselées ; ailleurs, une collection complète d'instrumens aratoires et de chirurgie ; des cuisines portatives, des poids, des balances, et cent autres objets d'utilité privée.

Les restes de la robe de Diomède, les bracelets, les chaînes, les bagues, les bijoux tels que nous les portons aujourd'hui, prouvent qu'en fait de goût et d'élégance, les Romains étaient nos maîtres. Ils avaient tout inventé ; nous ne sommes que des plagiaires.

Mais voici quelque chose de non moins curieux : tout ce qui servait à la toilette des femmes, peignes, cures-dents, miroirs, tout y est, jusqu'au fard, dont leur beauté empruntait l'éclat mensonger !...

Après ces frivolités remarquables, on nous présente des pains, des viandes qui ont été analysées ; des gâteaux, des œufs, des fruits, de l'huile et du vin. Tout se retrouve, et des objets si friables, si périssables partagent aujourd'hui, avec les monumens, notre vive admiration !...

Une salle entière est tapissée d'armures grecques

et romaines, dont la forme et le travail ajoutent en—
core à l'intérêt historique.· Mais, après avoir exa—
miné tout ce que l'opulence a créé pour les jouissances de la vie, tout ce que l'industrie inventa pour
ses besoins, j'ai fini ma longue visite dans la salle où
sont exécutés les tombeaux en relief. J'y ai vu les la-
crimatoires où les larmes des épouses et des mères,
étaient recueillies : ces gages de leur douleur étaient
déposés sur le cœur de ceux qu'elles avaient aimés !
C'est encore une pensée d'affection et de tendresse,
dont l'antiquité nous a légué le souvenir ; mais nos
usages l'ont repoussée : cependant les yeux d'une mère,
ceux d'une fille et d'une sœur ont des larmes en—
core !...

NAPLES.

XXIV.

19 novembre 183...

Quel bruit! quelle rumeur! le peuple court et se précipite à flots pressés vers le même lieu, vers un palais dont il force les portes! les rues sont encombrées d'une foule curieuse! des cris, des clameurs joyeuses remplissent les airs! des hommes, des fem-

mes, des enfans, des vieillards se poussent, s'en-
trechoquent, se brisent comme les vagues refoulées
par les vents contraires. Quel attrait, si ce n'est celui du plaisir, rendrait cette multitude si impatiente, si bruyante et si folle. Mais non : c'est un
spectacle funèbre ; c'est une cérémonie grave et religieuse qui l'attire ici, et elle va s'achever au milieu
de cette impétueuse joie.

Voilà la mort qui s'approche avec son noir cortége. Les pénitens, cachés sous leurs habits lugubres, portent des torches, dont les flammes rouges et
sanglantes se tordent dans l'air : ils servent, en quelque sorte, d'ombre à ces jeunes abbés qui, sous le
camail de soie, abritent leurs figures adolescentes,
dont le teint velouté n'a point été hâlé par l'ardeur
brûlante du soleil. La sérénité est sur leurs fronts ;
le sourire erre sur leurs lèvres vermeilles. Le chagrin,
sans doute, n'effleura jamais leur ame, et si elle en
éprouva quelque atteinte, il n'en est pas resté plus de
traces sur leurs jolis visages, qu'une larme n'en laisse
dans l'œil d'un enfant.

Le cardinal Louis Scilla Ruffo s'avance, étendu

sur la pourpre d'un lit somptueux , soutenu par d'invisibles porteurs. Il montre au grand jour ses traits livides et flétris, où le trépas a imprimé son horrible passage.

Les pauvres de Saint-Janvier se mêlent au convoi et jettent dans l'air mille images de la mort empreintes sur de petites flammes noires. Tout ce deuil, toute cette pompe auguste et sombre, toute cette fantasmagorie funèbre n'arrêtent point le joyeux essor de ce peuple. Le cortége défile au milieu des cris et des chants; mais ces chants, mais ces cris deviennent plus véhémens et semblent tenir du délire lorsque le corps vient à passer.

Cette journée, commencée par un enterrement de prince, fut achevée par nous au milieu des fosses de l'indigence, au Campo-Santo. Ici, hommes, femmes, enfans sont jetés pêle-mêle dans le même abîme. J'osais à peine laisser tomber mon regard sur ces larges bouches béantes (1), où les derniers venus se plongent dans les débris putrifiés de ceux qui sont arrivés les premiers. Telle est la sépulture qu'obtient, dans le pays du catholicisme le plus explicite, l'homme fait à l'image de Dieu !

Je m'éloignai le cœur serré de tristesse et plein de dégoût. Ce cimetière de désolation m'avait fait voir Naples sous des traits odieux ; c'étaient ceux du cynisme le plus révoltant et le plus impie !

(1) Dans une enceinte carrée, entourée de portiques, des puits profonds, aussi nombreux que les jours de l'année, sont creusés ; une pierre en ferme l'ouverture. Chaque jour un de ces antres reçoit tous les morts de la veille.

HERCULANUM.

XXV.

22 novembre 183...

Plus infortunée que Pompéia, Herculanum, sous les murs inexpugnables que la lave, trempée des eaux qui s'échappèrent des flancs du Vésuve, a jetés sur elle, n'est plus maintenant qu'un rocher où *Resina* et *Portici* sont venus s'asseoir. Les destinées de cette vieille cité eussent été peut-être à jamais ignorées, sans un de ces hasards qui, chaque jour, viennent déchirer un morceau du voile qui couvre l'histoire du monde.

Quelques habitans de *Resina*, en creusant un puits, trouvèrent en cet endroit des objets précieux et des inscriptions qui révélèrent l'existence d'une ville, et bientôt l'on s'assura de celle d'Herculanum, plus importante que Pompéia.

En 1520, des fouilles furent ordonnées par Charles III, et conduites sur un plan régulier.

La découverte la plus importante, jusqu'à présent, est celle du théâtre ; le musée de Naples s'est enrichi des trésors qu'il renfermait. On y arrive par un escalier moderne, taillé dans la lave, qui s'élève, de chaque côté, à la hauteur de quarante pieds.

Un long corridor mène au *Proscenium*, où les acteurs récitaient le drame. L'orchestre, les coulisses, les galeries, tout est privé de lumière ; c'est l'air des tombeaux qu'on aspire en ces lieux, et l'on éprouve une sorte d'appréhension de voir cette sépulture se refermer sur soi.

On nous fit remarquer dans la lave l'empreinte du

masque d'un acteur. Les ossemens de celui qui le portait ont été réduits en poussière : il n'est rien resté de l'homme, et le masque fragile qui couvrait son visage a laissé d'ineffaçables traces !... Mystères où la raison se perd, problèmes insolubles que présentent les ruines à la méditation des hommes !

En sortant de ces salles souterraines, l'air et la clarté du jour nous firent renaître à la vie. Nous visitâmes la très faible partie de la ville qui est découverte. Quelques maisons ont conservé leurs péristyles et leurs portiques. On voit sur un puits de marbre, la place où la corde rongeuse a empreint son passage.

Les fouilles se continuent avec lenteur, car la pluie de lave s'étant durcie comme la pierre des monumens à laquelle elle s'est attachée, rend les travaux d'une exécution fort difficile. Il faudrait sacrifier *Portici* à la renaissance d'*Herculanum*, l'arrêt de celle-ci est prononcé ; elle est, je le crains bien, condamnée à un éternel ensevelissement.

A mon retour à Naples, tout en suivant les allées de la *Villa-Reale*, mes regards se portaient vers le Pausilippe et les rives de *Mergellina* ; ils s'arrêtèrent sur ses gracieuses *villa*, et soudain à la place de ces élégantes maisons de plaisance, j'appelai la splendeur des palais, qu'en ces lieux occupaient dans les vieux temps, les orateurs de la république, les poètes et les grands capitaines de l'empire.

A la pointe du Pausilippe, selon Plutarque et Pline, se trouvait *la villa de Lucullus*. C'est là que débarrassé de toute charge publique, vivait en sybarite le vainqueur de Mithridate. On a oublié les triomphes de Lucullus, la justice de son gouvernement en Afrique : on ne parle plus que de son faste !

Plus loin on voyait le temple de la Fortune, et ce qu'on appelle aujourd'hui *Scuola di Virgilio* était le temple de Vénus *Emplea*.

La villa de Pollion passait pour la plus magnifique, elle portait exclusivement le nom de *Posilipum* (trève aux chagrins). L'homme qui se reposait là joignit à la gloire des armes celle des lettres, et son nom, dans les vers d'Horace et de Virgile, a obtenu une double immortalité (1). Certes l'élégance des *villa*

(1) Pressé de répondre à des vers qu'avait fait contre lui l'empereur Auguste, dans la familiarité duquel il avait vécu;

d'aujourd'hui ne saurait lutter contre la grandeur, les richesses de ces palais de marbre et d'albâtre. Les arts et les peuples ont leur apogée ; la décadence des uns, l'abaissement des autres, arrivent ensuite ; cette vérité banale trouve à chaque pas ici sa juste application.

Après l'éclat des temps antiques, en se rapprochant de notre âge, on voit la physionomie historique du royaume des Deux-Siciles différer de celle du reste de l'Italie. Grec sous l'ancienne Rome, il subit plus tard le joug des Sarrazins, des Normands, des Français et des Espagnols. Tandis que l'Italie du moyen-âge ploie sous l'effort des petites tyrannies ; tandis que les doges de Gênes et de Venise, les princes de Vérone et de Ferrare, excitent les rivalités de leurs républiques ; tandis enfin que la liberté doit à des meurtres ses triomphes passagers, à Naples le caractère du peuple devient chevaleresque, et les noms de Tancrède, du Tasse, de Masaniello, jettent du lustre ou de l'imprévu sur l'histoire de ces contrées.

« Non pas, dit-il, je ne veux pas écrire contre un homme qui a le droit de proscrire. »

On montre au voyageur la place où le jeune pêcheur d'Amalfi conquit sa royauté éphémère. Qui ne sait l'histoire de *Masaniello*, qui ne sait que la même semaine vit son élévation, sa folie et sa mort ? Toutefois on ne me saura pas mauvais gré, peut-être de la rappeler en peu de mots.

Une partie de la ville était encore aux Espagnols, le vice-roi s'était réfugié au Château-Neuf, Masaniello régnait. C'était la fête des Carmes ; les dalles de l'église de Notre-Dame s'affaissaient sous la multitude. Un cardinal célébrait cette solennité. Masaniello paraît dans la basilique, ses yeux sont égarés, ses vêtemens de velours et d'or en désordre. Il saisit le crucifix sur l'autel et s'en sert comme d'une lance qu'il brandit ; des paroles coulent de ses lèvres comme les eaux fougueuses d'un torrent. Mais sondain ses idées se troublent, sa langue s'embarrasse, des mots entrecoupés et sans suite succèdent à son éloquence persuasive. Sa raison s'éteint, un délire frénétique s'empare de lui. Le peuple, de l'enthousiasme passe à l'indignation : il l'arrache du temple, il le traîne dans un cloître. Enfermé depuis deux heures, mille

voix l'appellent du dehors : *Masaniello, Masa-*
niello ! crie-t-on de toutes parts. *Que me veut mon*
peuple ? dit-il, et des coups d'arquebuse lui ré-
pondent ; il tombe frappé à mort. *Ingrats, traî-*
tres !! Voilà les derniers mots qui s'échappent de ses
lèvres, et il expire.

Mais le soir est venu, nous prenons une barque,
Naples et ses mille clartés se mirent dans la baie,
tandis que les jardins et les collines enveloppent leurs
formes incertaines dans une vaporeuse obscurité. Le
lent récitatif du matelot et la barcarole du pêcheur
arrivent jusqu'à nous apportés par la brise.

Notre barque glisse légère sur les eaux, et bientôt nous touchons au palais de la reine Jeanne. Il
lutte contre le temps et la vague qui le minent ensemble.

Meurtrière, à dix-huit ans, d'Andrea son premier
époux, Jeanne était avec lui à Averse. Le prince est
appelé pendant la nuit, sous le prétexte de recevoir
une communication importante. Il sort de la chambre
de la reine, des affidés de celle-ci qui l'attendaien^t

dans la pièce voisine, l'étranglent (1) et jettent son cadavre par les fenêtres du couvent de Saint-Pierre où le crime se consomma. Le bruit de cette mort arriva promptement à Louis, roi de Hongrie, frère de la victime. Il accourut du fond de l'Allemagne, suivi de nombreux auxiliaires, se faisant précéder par un étendard, où le cadavre d'Andrea était représenté sanglant et menaçant la coupable.

Mais l'heure de la vengeance n'était pas sonnée ; ce ne fut que bien plus tard que la tête de l'épouse homicide, blanchie par l'âge, tomba sous le fer vengeur.

(1) Le 18 septembre 1345. Ce crime fut le résultat d'un conflit d'autorité qui s'était élevé entre un religieux de Saint-François, dans lequel le roi avait mis toute sa confiance, et une femme de Catane, simple lavandière, qui gouvernait l'esprit de Jeanne. Andrea périt à l'âge de dix-neuf ans.

LE VÉSUVE.

XXVI.

23 novembre 183...

Depuis quelques jours, des indices certains annonçaient une prochaine éruption du Vésuve. J'attendais avec impatience le moment où elle devait éclater.

Hier, dès le matin, nous fîmes toutes nos disposition pour atteindre à minuit le sommet du volcan.

Notre petite caravane partit donc de Naples avec un enthousiasme que comprendront ceux qui ont été témoins de ce spectacle.

Notre voiture était à peine arrivée à Resina, que nous fûmes assaillis par une bande de lazzaronis qui tous, avec une opiniâtreté fatigante, sollicitaient l'honneur, ou plutôt le profit, de nous servir. Nous parvînmes cependant à nous en débarrasser, et, sous la protection de nos gardes, pourvus d'assez bonnes montures, nous commençâmes à gravir la montagne à travers des terres brûlées et des vignes entremêlées de pins et d'aloès. A peine avions-nous fait quelques pas, que la nuit voila de son ombre le grand tableau qui se déroulait à nos pieds. Adieu à la rive, à ses bords plantés de myrtes et d'orangers; adieu Ischia et Capri; adieu les villes nouvelles bâties sur celles que le Vésuve a dévorées dans ses abîmes!...

Après avoir marché pendant quelques heures, au milieu des laves et des débris calcinés qu'assombrissaient encore les teintes du soir, nous arrivâmes à l'hermitage San-Salvador. Le moine qui demeure en ce lieu vint à notre rencontre, et nous accueillit avec une douce urbanité. Il dressa lui-même la table, et nous prépara un frugal repas. Cette hospitalité sans faste, toute chrétienne, nous toucha.

Cependant, après une halte prolongée, nous nous remîmes en route et parvînmes promptement au lieu où nous attendaient les hommes qui devaient aider à notre dernière ascension.

Qu'on s'imagine un chemin à pic, à peine indiqué, sur une cendre épaisse et mobile, où le pied s'enfonce et chancelle à mesure qu'il veut avancer. L'obscurité était profonde : la lune avait disparu derrière la montagne ; les torches de nos guides seulement jetaient leurs vacillantes clartés sur le chemin. Notre convoi se composait d'une vingtaine d'hommes hâves, à demi vêtus ; leur visage amaigri et leur corps décharné leur donnaient un aspect terrifiant ; ils parlaient, juraient, poussaient des cris aigus. Les soldats qui nous escortaient ne m'inspiraient guère plus de confiance que les bandits contre lesquels ils devaient nous protéger : c'était un tableau effrayant et pittoresque, où le génie de Salvator Rosa se fût inspiré.

De sourdes et fréquentes détonations arrivaient jusqu'à nous. On eût dit que le sol s'ébranlait sous nos pas, et ces menaces souterraines faisaient naître dans l'ame une secrète terreur.

Une chaleur violente s'échappait de la terre; une vapeur rouge et lointaine nous dérobait encore la cîme du volcan. Mais soudain l'obscurité qui jusqu'ici nous avait entourée, fait place à une lumière éclatante : c'est l'enfer qui s'ouvre devant nous. Nous venons d'escalader une des dernières excavations qui nous séparaient des torrens de lave, et ce n'est plus qu'une mer de feu qui bouillonne sous nos yeux. Ses vagues hérissées se soulèvent, se heurtent, et se précipitent en fureur de la bouche écumante du cratère. Elles roulent avec une force irrésistible, et cependant leur course est solennelle. Elles s'avancent, elles s'étendent, elles envahissent tout avec lenteur. C'est une puissance qui connaît sa force, une puissance qu'aucune autre ne balancera : c'est le temps que rien n'arrête, que rien ne hâte dans sa marche éternelle!...

Le vent mugissait, une fumée épaisse, poussée

par une flamme impétueuse, courait dans l'air avec rapidité ; des blocs de lave étaient emportés dans l'espace avec un bruit affreux, et leurs gerbes étincelantes illuminaient les profondeurs des plus sombres abîmes. D'autres blocs immenses, produits des irruptions passées, servent de lit au torrent ; sur leurs aspérités, ses ondes enflammées dessinaient, dans leur cours, mille figures bizarres, fantastiques, épouvantables.

Des flots de fumée sortent de mille bouches béantes, et laissent, de leur sein, surgir des tourbillons lumineux. Plus loin, le fleuve embrasé s'aperçoit encore, comme un serpent de feu roulant ses longs replis sur les flancs noirs et desséchés de la montagne.

Tel fut ce grand tableau, où le sublime et l'horrible se confondaient. Nous restions enchaînés ; mais il fallait partir : le retour nous offrait des fatigues et des difficultés extrêmes. Nous eûmes un instant d'angoisse, que je ne me rappelle maintenant encore qu'avec un saisissement nouveau. Un vent impétueux soufflait, chargés d'orages, des nuages de bitume s'avançaient sur nos têtes, et donnaient passage à de fréquens éclairs ; il y avait un choc tumultueux dans toute la nature : un seul flambeau nous restait... la tempête l'éteignit soudain. Cédant à notre juste stupeur, nous restâmes immobiles, craignant de porter plus loin nos pas et de rouler dans un abîme. Nos cris se perdaient dans l'espace, emportés par la tourmente, dont les mugissemens ressemblaient aux plaintes déchirantes des ombres malheureuses ; mais, par un bonheur inattendu, un de nos guides trouva sur lui les moyens de rallumer sa torche, et le courage et les forces nous revinrent à la fois.

Le lendemain, nous étions à Naples, à Tolède. La sécurité et la folle gaîté de la multitude nous paraissaient un songe. Le Vésuve tonnait encore, et tout riait au bruit de sa foudre. Heureuse indifférence !... L'homme n'a pas de mémoire...

XXVII.

25 novembre 183...

Mille bougies répandaient dans la vaste enceinte du théâtre de Saint-Charles leur chaude vapeur et un éclat pareil à celui du jour. Les diamans ruisselaient étincelans sur le front, sur les épaules des femmes ; la loge royale était parée avec une magnificence inaccoutumée. C'était un spectacle qui reproduisait toutes les merveilles des contes arabes : il y avait partout, de l'or, des fleurs et des parfuns. Eh bien!.. le luxe royal, la foule élégante, la musique de Rossini chantée par Lablache, une exécution instrumentale d'un ensemble parfait, tout cela s'est effacé pour moi devant une infortune privée, devant un pauvre fou !...

Car, comme on l'a dit si justement, il y a plus de larmes dans un malheur vrai, réel, dont on est le témoin, que dans les fictions les plus dramatiques; et le cercueil d'une jeune fille, exposé au seuil de la porte, sous le blanc linceul de la mort, remue plus le cœur que toutes les grandes infortunes dont nous n'entendons que le récit... Oui, je le répète, un pauvre fou, jeune et beau, de cette beauté qui n'a de type que dans la pensée, m'a fait oublier toutes les pompes de Saint-Charles, et je ne songe encore en ce moment qu'à lui !....

On venait d'achever l'ouverture de la *Sémiramide*, les chœurs du premier acte avaient été exécutés avec une verve qu'auraient accueillie avec transport les *bravo* des spectateurs, si les applaudissemens n'eussent été étouffés sous la froide étiquette ; le roi était là !...

Lablache se préparait à chanter le grand duo : *E dunque vero ? Audace* ! Il avait attaqué les premières notes de ce récitatif avec cette puissance de voix qu'on lui connaît, quand soudain une rumeur, faible d'abord, s'éleva parmi les auditeurs, grossit, parcourut les loges, et trouva partout des échos ! On n'écouta plus ; tous les regards se détournèrent de la scène, et se fixèrent sur un seul point. Etonnée de cette interruption imprévue, je me penchai du côté où se portaient tous les yeux, et je vis un homme, à peine âgé de vingt-cinq ans, s'avancer lentement au milieu du parterre, dont les rangs s'ouvraient spontanément devant lui. Il était d'une haute stature ; mais son corps incliné se courbait légèrement ; sa physionomie était noble, ses traits réguliers et purs comme ceux des figures que la Grèce nous a léguées ; son front était élevé, ses cheveux noirs qui retombaient en désordre en faisaient ressortir la touchante pâleur ; il y avait dans son regard quelque chose de sombre et de doux tout à la fois, et sur ses lèvres décolorées errait un sourire qui trahissait une âcre douleur. Je subis aussitôt l'influence de l'intérêt que tous les spectateurs semblaient prendre à lui. Il se tint debout pendant quelques instans, ses yeux se promenèrent de loge en loge avec la plus vive anxiété. En ce moment, on put remarquer sur les joues de ''inconnu une rougeur subite et passagère, ce ne fut qu'un éclair ; on voyait qu'il cherchait à se rappeler ou à fuir un souvenir... Il s'assit enfin. Des nuages glissèrent sur son front, ils y jetèrent une teinte livide. Son regard voilé s'abaissa vers la terre, il resta bientôt dans une complète immobilité, et parut ne plus prendre aucun souci de ce qui se passait autour de lui : son corps était là , son ame était ailleurs!...

Une certaine curiosité qui avait quelque chose de sympathique, me faisait ardemment désirer de connaître le nom de cet étranger, et la cause d'une mélancolie que chacun semblait craindre de troubler. Le comte F..., dont j'occupais la loge, m'apprit en quelques mots l'histoire de cet infortuné.

Fils du marquis L..... Luigi, et Laura sa sœur, consolèrent leur père de la mort de sa jeune épouse.

Luigi avait atteint sa dix-huitième année, lorsque le marquis fut informé qu'un ancien officier supérieur au service de France, qui pendant les guerres d'Italie lui avait sauvé la vie, venait de mourir en le nommant tuteur de sa fille, de sa Claire bien aimée, qu'il laissait sans fortune et sans appui.

Le marquis L..... accepta le titre que lui confiait le généreux officier, et ne balança pas à envoyer en France une personne de sa maison qui fut chargée d'en ramener Claire ; ses ordres furent promptement exécutés.

Claire se vit accueillie par lui comme sa propre fille, et par Luigi et Laura comme une sœur. Elle était parfaitement belle : tout en elle révélait une distinction native, et son ame pure se peignait dans la douce sérénité de ses traits.

Comment Luigi , à cette époque de la vie où les impressions sont subites et profondes parce qu'elles agissent sur une ame neuve et sans défense, aurait-il pu résister à tant de séductions ? Il devait aimer : il aima Claire, et l'aima avec idolâtrie, même avant d'avoir pu interroger son cœur.

Claire elle-même si pleine de candeur, si dévouée, bien qu'elle comprît la barrière insurmontable que la fortune avait mise entre elle et l'héritier des marquis L...., ne pût écouter sans orgueil, sans espoir, sans amour les timides aveux de Luigi.

Cependant le marquis put reconnaître bientôt les sentimens secrets de son fils, et voulut en douter, car il rêvait depuis long-temps pour lui une illustre alliance. La franchisse du jeune Luigi ne le laissa pas long-temps dans cette erreur. Il essaya d'abord de combattre l'inclination de son fils; mais elle avait déjà jeté de trop profondes racines dans son cœur. Luigi résista à tous les argumens que son père puisait dans sa vanité. Claire n'était-elle pas sa vie, et tout le secret de son bonheur à venir?...

Le marquis songea d'abord à renvoyer en France cette jeune fille; mais il y aurait eu dans ce procédé quelque chose de si cruel et de si lâche, qu'il renonça à ce projet. Léger comme le sont les hommes du monde, il s'imagina qu'en éloignant son fils de celle qu'il aimait, il romprait cet amour.

Luigi céda aux vœux de son père, sur la promesse que lui fit ce dernier de lui donner la main de Claire, s'il revenait après deux années, toujours dominé par le même sentiment. Il partit, ce sacrifice, tel douloureux qu'il fût, ne lui sembla pas trop cher, puisque la possession de Claire en était le prix... Luigi résigné quitta la *villa* L.... où il laissait plus que sa vie... tout son bonheur !....

Il parcourut l'Italie, la France et l'Espagne. La nature, les arts, la société, le laissèrent froid, indifférent : il ne songeait qu'au retour, il en attendait l'époque avec cette impatience qui naît d'un amour partagé. De son côté, le marquis comptait aussi les jours de l'absence de son fils : il voyait approcher avec inquietutude celui qui le ramènerait. Dans cette alternative, effrayé de la ferme résolution qu'exprimait Luigi dans toutes ses lettres de n'appartenir jamais qu'à mademoiselle de B...., le marquis se vit réduit à ne plus rien espérer que de la générosité de cette dernière. Il lui ouvrit donc son ame, et ne craignit pas d'exposer aux yeux de cette jeune fille la sécheresse de son ambition, le cynisme de son orgueil. Claire l'ayant compris avant même qu'il n'eût parlé, victime dévouée, sacrifia sa félicité, sa vie, au repos de la famille qui l'avait adoptée. Dès lors, elle s'abandonna donc tout entière à la volonté de son tuteur ; et lui, sans pitié, offrit aussitôt à mademoiselle de B.... la main d'un de ses parens attaché à la maison militaire du roi. Claire ne repoussa cette offre cruelle que par ses pleurs ; le marquis se contenta de son silence, et le mariage fut arrêté.

Cependant une voiture de poste, souillée de boue, traînée par quatre chevaux vigoureux, atteignait la grille de la *villa* L.... En ce moment, une autre voiture armoriée en sortait. Une jeune femme voilée se pencha à la portière, et s'en retira aussitôt en poussant un cri, qui partait d'un cœur brisé : mais

l'élégant équipage poursuivit sa course rapide, et le
sifflement du fouet du postillon ne se fit plus entendre qu'au loin...

« Me voici, mon père, me voici ; les deux années
« se sont écoulées, et je viens réclamer le prix de
« mon obéissance, de mon amour... » C'était Luigi,
qui, transporté, ivre de joie, aux pieds du marquis,
parlait ainsi. Celui-ci était immobile ; son regard
avait quelque chose de fantastique, les mots expi-
raient sur ses lèvres, ses dents claquaient. « Vous
« ne répondez pas ? poursuivit Luigi en pressant
« les genoux de son père ; dites, dites, où est Claire?
« où est celle que j'aime? que je la voie, que votre
« main unisse ma main à la sienne ? où est-elle?
« mais vous ne répondez pas ?..»— «Modérez-vous,
« Luigi, Mlle de B...., ou plutôt la comtesse
« de T...., est avec son époux sur la route de

« Florence.... Elle part !... » A ces mots, un rire épouvantable brisa les lèvres de Luigi, il tomba raide sur la terre... En revenant à lui, il ne reconnut pas son père !... Il avait perdu la raison !...

Six mois après, la comtesse de T...., adorée de celui dans les bras duquel l'implacable vanité du marquis l'avait jetée, trouvait une sépulture sous les cloîtres de l'église de *Santa-Croce* !....

(1) Nous voyons dans les faits de ce récit une telle similitude avec ceux de l'histoire d'un autre fou qui ne vit point à Naples, mais bien dans une autre grande ville de l'Italie, que nous sommes persuadé que, pour garder les convenances, l'auteur a cru devoir taire le nom des véritables personnages de cette déplorable aventure, comme ceux des lieux qu'ils ont habités.   (*Note de l'éditeur.*)

XXVIII.

26 novembre 183...

Nous approchons des fêtes de Noël : c'est l'époque où des troupes de *contadini* descendent des montagnes de la Calabre et des Abruzzes et se répandent dans toute l'Italie. Naples est envahi par des bandes de musiciens ambulans ; de dévots *pifferari*. Munis de leurs musettes et d'une sorte de haut-bois, qu'on nomme ici *pifferi*, ils se rendent chaque jour aux crèches renfermées dans l'intérieur des palais, et s'arrêtent devant les madones. Les noëls naïfs qu'ils répètent, sont ceux que leurs pères leur ont appris, et qu'ils chantent comme eux avec amour.

Leur costume est pittoresque. Ils portent des chapeaux d'une forme élevée et pointue et sont vêtus de peaux de chèvre ou d'étoffe grossière ; leurs jambes sont entourées de tissu épais, qu'assujétissent des liens de chanvre ; ils s'enveloppent dans les plis d'un large manteau. Leur visage cuivré garde l'empreinte de leur soleil. Leurs traits, quoique réguliers, ont une expression rude et sauvage, qui trahit l'origine de ces enfans des bois et des rochers. Il faut les voir lorsque leurs regards s'attachent à la madone, ils échangent alors leur férocité naturelle contre une langueur voluptueuse dont rien ne peut donner une juste idée. Il y a sans doute ici une fascination, une attraction involontaire qui les subjuguent ; aussi restent-ils ainsi des heures entières dans une extase de ferveur et d'amour.

Une bande de ces *zampagnari* vint à passer sous mes fenêtres, je les arrêtai ; je voulais entendre leurs pieux cantiques et leurs airs nationaux. La foule, avide du moindre spectacle accourut. Tout un peuple entassé dans des *corricoli*, des laboureurs conduisant leurs chars attelés d'énormes bœufs, des pèlerins, des mendians, des moines noirs et blancs, des enfans à demi nus, enfin une multitude immense s'amassa, et obstrua en quelques instans la voie publique.

Les *pifferari* animés par la présence d'un si nombreux auditoire, se mirent en danse sans interrompre leur musique. Des femmes de la campagne avec leurs cheveux bizarrement tressés, leurs jupons de couleurs tranchantes, leurs corsages ouverts par devant et rattachés sur les épaules par des rubans de nuances diverses, entraînées par une impulsion soudaine, se joignirent aux *pifferari*, et bientôt une foule dansante s'agita autour de nous. Les mouvemens vifs et saccadés, les poses bizarres, les attitudes pittoresques, rien n'y manqua.

Cette danse perd ici le caractère qu'elle a dans les

montagnes , d'où descendent les Calabrois : les bois et les rochers sont le cadre qui convient à ce tableau.

———

La façade du palais du roi du côté de la place ne manque pas de grandeur, il n'en est pas ainsi dans l'intérieur des cours ; la simplicité de la décoration va jusqu'à la mesquinerie : on rencontre fréquemment cette disparate choquante dans les édifices de l'Italie.

Les appartemens du prince sont délicieusement situés : toutes les fenêtres s'ouvrent sur la mer. Les terrasses qu'abritent les orangers, les myrtes et les citronniers, jettent dans l'air leurs parfums enivrans. L'œil se perd sur la longue perspective de ces jardins aériens où les fruits se cachent sous les fleurs. A travers le feuillage on découvre la rade et la mer sillonnée de navires.

Une modeste chapelle, où chaque jour le roi entend la messe, suit la chambre à coucher et la sépare d'une petite pièce dans laquelle il accomplit un des actes les plus graves de la souveraineté ; c'est en ce lieu qu'il appose son sceau royal aux lois et aux arrêts de la justice.

Il est impossible que le voyageur artiste, comme le sont la plupart de ceux qui visitent l'Italie, ne remarque pas avec surprise, combien les salles de ce palais sont vides d'objets d'art et de tableaux des grands maîtres !

De la demeure royale nous nous rendîmes à *San-Martino*, ancien couvent de chartreux dont on a fait une retraite pour les soldats invalides. A peu de distance de là, s'élève le fort Saint-Elme qui menace Naples du haut de son rocher.

L'ancien monastère contient de grandes richesses : c'est une mine de marbre et de pierres précieuses.

La voûte de l'église représente les douze apôtres, peints par Ribeira, dit l'*Espagnolet*. Il semble que l'imagination du peintre ait passé dans ces têtes qui sont du plus beau caractère, ou plutôt que l'Esprit-Saint ait révélé à l'artiste tout ce qu'il y avait de sublime dans ces disciples du Christ. Mais rien ne répand dans l'âme plus d'admiration, ni plus d'atten-

drissement que la vue de la *Descente de Croix*, ouvrage du même maître. Quel que soit l'enthousiasme,
il ne saurait s'élever à la hauteur de cette composition surhumaine. Toute l'ame se réfugie dans le regard, et l'impression qu'elle reçoit s'attache à elle
pour y vivre long-temps..... Quelle angélique expression que celle de la mère de Dieu ! quel sentiment touchant sur cette divine figure ! comme la
douleur et l'espérance s'y confondent ! Par quelle
puissance secrète, l'art peut-il ainsi rivaliser la
nature !

A l'époque où l'édifice que nous parcourons
servait de retraite aux religieux, le vaste jardin,
qu'entoure aujourd'hui une colonnade de marbre
blanc, avait été partagée entre eux tous, et chacun
d'eux y creusait journellement sa sépulture. Le soir
arrivé, la fosse était comblée, le lendemain celui à
qui elle était réservée la fouillait encore ; et ce travail,
où la mort se révélait chaque jour à l'ouvrier, ne
cessait que lorsque son corps glacé venait s'étendre
dans ce lit de terre, que ses propres mains lui
avaient préparé.

D'une terrasse où l'on nous conduisit, une vue immense se déploya devant nous : la mer était à nos pieds, de nombreux vaisseaux planaient à sa surface, ses îles d'émeraudes flottaient au milieu d'elle ; plus loin, le Vésuve solennisait le tableau, et Naples oisive et bruyante, dont la rumeur montait jusqu'à nous, découpait élégamment sa blanche silhouette sur l'azur du ciel.

Rentrée sous les cloîtres, dont les pieux cénobites sont absens à jamais, une religieuse rêverie s'empara de mon esprit. Mon imagination repeupla le monastère et le rendit à ses anciens maîtres : je crus les voir s'avancer processionnellement sous les portiques sacrés, errer, silencieux, dans les longs corridors, s'asseoir au chœur dans les stalles désertes ; j'entendis leurs voix graves et douces se mêler comme celles des anges et former un céleste concert.

Ensuite, à travers les longues colonnades, je crus encore les apercevoir occupés à creuser leurs tombes, comme s'ils devaient s'y étendre le soir. Le calme de ces lieux n'était plus troublé que par le bruit de leurs pas lents et réguliers, qui, faible et vague, se perdait aussitôt au sein d'un vaste silence, ou bien encore, par la plaintive mélodie des hymnes des morts et des chants de la prière du soir. Tout était recueillement, paix, mystère; j'avais rendu à ces lieux leur majesté, leur poésie primitive. Je m'éloignai, sous l'empire de cette imposante hallucination, émue, attendrie, et craignant de laisser échapper une seule parole, qui m'eût semblé en ce moment une profanation !....

XXIX.

28 novembre 183...

Je suis allée prier ce matin dans l'église de *Santa-Maria del Parto*, où reposent les restes du poète Sannazar. Lui-même dédia cette chapelle à la Vierge. Il voulut que son mausolée, quoique surmonté des figures de Minerve et d'Apollon, fut placé

derrière l'autel. Pour remédier à cette sorte de profanation, on donna à la fille de Jupiter le nom de
Judith et celui de *David* au fils de Latone.

En sortant de l'église, nous avons pris le chemin
du tombeau de Virgile, immédiatement placé au-
dessus de la grotte du Pausilype.

On a cru pendant long-temps qu'une autre tombe
de construction romaine, creusée plus bas, était celle
du poète ; mais après de longs débats, l'honneur d'a-
voir enfermé la poussière du cygne de Mantoue, est
resté au monument qui se trouve au-dessus et non
pas au pied de la grotte. Il consiste à l'intérieur,
ainsi que l'a dit un savant critique, l'abbé Roma-
nelli, en une espèce de chambre carrée et voûtée en
maçonnerie ; on a pratiqué dans les murs plusieurs
niches pour les urnes funéraires. Il y a deux siècles
environ qu'une urne en marbre qui contenait, dit-
on, les cendres de Virgile, s'élevait au centre. Elle
n'y est plus. A l'extérieur, les dégradations de cette
sépulture se cachent sous les pariétaires et les lianes
sauvages. Naguère encore, un laurier fleurissait dans
ce lieu ; quelle est la main qui aura osé le cueillir !

La tombe ne se referme pas inflexible sur celui qui, par de glorieux travaux, passe de la mort à l'immortalité. La pierre sépulcrale, devant laquelle s'éteint le souvenir des hommes, n'est point scellée sur le tombeau de Virgile; l'admiration des peuples la soulève pour prier!... Ainsi, pour le génie, la tombe est encore un autel !...

La grande ombre du poète règne sur le Pausilype; on n'a de souvenir que par elle et pour elle, « et pourtant, » a dit un jeune écrivain, plein d'ame et de généreuse intelligence « et pourtant, le Germain, « vainqueur s'assied avec indifférence sur la terre humiliée qui recouvre les cendres de Virgile; mais « un jour les cris des enfans d'Hélé retentiront jusqu'aux portes de la ville immortelle; alors le Tibre « soulèvera ses flots jaunâtres, et les ossemens de « Virgile tressailleront sous la pierre!... »

Nous quittâmes le Pausilype. Mon imagination, qui, pendant quelques instans, m'avait transportée si haut et si loin de notre monde, m'y fit retomber lourdement, lorsqu'en traversant la *Villa-Reale*, rendez-vous ordinaire des femmes élégantes et des dandys de tous les pays, de bruyantes fanfares, exécutées cependant avec un rare talent par les régimens royaux, vibrèrent pour moi désagréablement. Leurs sons brillans flottaient dans l'air et sur les eaux ; mais tout ce bruit convenait peu à cette heure aux·impressions sous lesquelles j'agissais. J'allai me réfugier dans l'église de Sainte-Claire, sépulture des rois de Naples. C'est un édifice de style gothique, où les ornemens sont prodigués avec trop de profusion. Cette église est adossée à un couvent où l'on reçoit les jeunes filles nobles, que leur famille, et rarement leur inclination, destinent à mourir vivantes au sein d'une réclusion perpétuelle.

Sous le portique de l'église, un soldat en faction nous ordonna de nous découvrir la tête. C'était la première fois qu'en Italie on nous soumettait, mes filles et moi, à une pareille exigence. C'est une preuve de respect qu'ici l'on impose aux femmes, pour l'orgueilleuse poussière des rois : dans les autres temples on en est dispensé, Dieu seul y réside!...

Là, je vis les royales et fastueuses sépultures ; elles ne disent rien à l'ame. C'est devant elles surtout, qu'on sent tout le néant des grandeurs humaines, quand ceux, dont elles furent le partage, ne laissent dans le cœur des peuples aucun souvenir de gloire ou de vertu.

Ce n'était pas là l'émotion que j'avais ressentie près du tombeau de Virgile ; lui me redisait avec une éclatante voix ce nom qui a traversé les âges sans laisser aucune trace sur la pierre : dans les tombes de Sainte-Claire, la pierre seule se souvient, les hommes ont oublié !...

En quittant l'église sépulcrale, je traversai Tolède, centre de la vie commune à Naples ; Tolède, à qui sa turbulente agitation donne une physionomie unique en Europe, et dont il serait difficile de ne point parler souvent ; car, comme elle revient sans cesse sous mes pas, son nom revient aussi, en dépit de moi-même, se placer dans mes récits.

Une cohue sillonnée de voitures, des oisifs de toutes les classes, des moines et des abbés qui, semblables à un vol d'oiseaux de nuit, s'abattent sur Naples au déclin de chaque jour ; des lazzaroni, fiers et déter-minés qui demandent l'aumône comme un salaire mérité, une multitude de mendians hâves et lépreux ; voilà ce que l'on rencontre dans Tolède à l'heure où j'y passai ; mais tout à coup l'agitation cessa, le bruit s'éteignit, les voitures s'arrêtèrent, le peuple à genoux dans poussière se signa : un prêtre portant le viatique venait de paraître ! le recueillement fut soudain, le silence prompt et complet ; mais le ministre de l'église s'éloigna, le recueillement fit place à la joie, et la foule se releva vive et folle !...

Que dire de ce peuple qui ne pouvant exciter en lui assez d'émotions par la pensée, en demande à tout, et pour lequel l'accomplissement d'un saint devoir n'éveille qu'un sentiment éphémère !...

BAIA ET CUMES.

XXX.

décembre 183...

J'ai parcouru la rive droite du golfe de Naples. J'ai vu Cumes, Baïa, Misène, l'Averne, les Champs-Élysées, et toute cette terre virgilienne. Il n'appartient pas à ma prose, toujours modeste et souvent dépourvue de couleur, d'assayer de peindre ces campagnes pleines encore de toutes les illusions de la

vieille mythologie et dont les poètes de l'an—
cienne Ausonie ont retracé dans leurs vers les magnifiques ou sombres tableaux. Je donnerai donc à mon
récit plutôt la forme d'un simple itinéraire que celle
d'une ambitieuse description. Toutefois ces souvenirs grands et fabuleux, qui sont venus s'asseoir sur
ces rochers, dans ces bois, au fond des cavernes,
sous les marbres mutilés, ont souvent trop réagi sur
mon imagination, pour qu'il n'en soit pas resté quel-
qu'empression dans mon récit.

Une terre de feu, une terre de bouleversemens, où
la nature s'est livrée à elle-même, comme elle a livré aux ouvrages des hommes de longs et terribles
combats, s'est d'abord présentée à moi; là aussi, le
sol a eu ses tempêtes!...

Mais bientôt, en avançant, le paysage sollicita toute
mon attention. Voilà *Falerne* et ses coteaux si fameux
par l'excellence de leurs vins, et tant de fois chantés
par l'immortel Horace. Près de là, s'élève le *Monte
Nuovo*, sorti pendant la nuit des eaux du lac Lucrin. Dans son apparition subite, il détruisit le vil—
lage de *Tripergole* et *Pouzzoles*, vit ses habitans

épouvantés prendre la fuite au bruit des détonations terribles qui accompagnèrent ce prodigieux en-
fantement.

D'épaisses forêts couvraient jadis les montagnes,
entre lesquelles coulent les eaux infectes du lac
Averne. Elles cachaient de leur ombre les mystères
sanglans des sacrifices offerts aux dieux infernaux.
Le lieu était bien choisi pour ce culte monstrueux :
la victime pouvait y tomber sans attendre le couteau
du sacrificateur ; l'air que l'on y respire est mortel.

L'antre où la Sibylle rendait ses oracles menteurs
est taillé bien avant dans une colline à l'occident de
l'Averne. Ce n'est qu'avec le secours des torches que
l'on peut s'engager sans péril dans les longues sinuosités de cette caverne ténébreuse, où quelques poètes
ont placé l'entrée des enfers. Une eau bourbeuse et
fétide y s'éjourne en quelques endroits ; à l'extrémité
de l'antre, et dans un enfoncement profond, on remarque une pierre qui servait, dit-on, de lit à l'o-
racle.

A l'orient de l'Averne, on voit les bains de Néron qui, selon les uns, furent les étuves de *Tritola*,

et, selon les autres, un temple dédié à Pluton. Je laisse à de plus érudits à prononcer là-dessus, et je me borne à constater qu'en ce lieu, au bord de la mer et sur un sable brûlant, il y a des eaux d'une extrême chaleur.

Rien n'indique aujourd'hui d'une manière certaine l'emplacement qu'occupait la ville de *Cumes* : c'est un désert inculte, semé de quelques pierres où la main de l'homme s'est imprimée. L'*Arco Félice* porte gigantesque, et dans le voisinage de la mer, quelques fragmens d'un temple de la Sibylle, voilà tous les vestiges que le temps a laissés de la capitale de l'ancienne Campanie. Si l'on rencontre dans cette morne solitude quelques habitations humaines, elles sont elles-mêmes des ruines, et leurs malheureux possesseurs sont à la fois dévorés par la misère et la maladie.

En sortant de *Cumes* par la voie des tombeaux, on arrive au lac *Fusaro*, qui communique à la mer par un canal étroit auquel les anciens donnaient le nom *d'Achéron*.

Plus loin, on trouve Baïa, cette Baïa si renommée par ses délices et par les plaisirs licencieux dont elle fut le théâtre. C'est ici que César, Néron, Marius et Sylla, se plongèrent dans les enivremens de ces célèbres saturnales, qui ont été si justement flétries par la plume inflexible et chaste de l'Histoire.

Sur la côte abandonnée maintenant, et que rongent les flots qui la battent sans cesse, il ne reste plus que quelques ruines de temples et de *villa* romaines, dont l'acanthe sauvage, le lierre, la scolopendre se sont emparés. Des reptiles venimeux se cachent sous l'herbe qui croît à l'entour de ses marbres brisés, et des miasmes putrides s'exhalent de toutes parts Voilà. Baïa; voilà la somptueuse, la riche, la voluptueuse Baïa ! son cadavre mutilé étend sur le sol ses membres épars; mais ici, comme à Pompéia, une voix terrible et sublime sort du milieu de ces ruines, et la poussière que le vent chasse devant lui est encore pleine de grandeur, de gloire et de souillures.

Que sont au reste les ruines d'une ville en Italie quand elle-même-n'est plus? L'antique Italie, l'Italie du moyen-âge n'ont-elles pas entièrement cessé d'être, et Rome chrétienne ne descend-elle pas peu à peu vers l'abîme où Rome païenne s'est engloutie. Le temps rapide mine à la fois les monumens et les générations, et celles-ci, plus chancelantes que leurs œuvres, tombent toujours les premières!...

Près de la mer morte., dont le vent n'émeut jamais les vagues immobiles, s'étendent les Champs-Elysées. Ce n'est plus le séjour des ombres heureuses, ce n'est qu'une froide et taciturne solitude dont l'écho ne redit plus même les noms de Virgile et du Dante!...

Mais j'arrive à la plage, une barque m'y attend et va me conduire à *Ischia*. Un vent favorable s'élève et enfle légèrement notre voile latine. L'horizon teint de pourpre et d'or, s'enveloppe progressivement des ombres de la nuit; tout s'éteint, tout s'efface. L'air est ému, le flot soupire sous le sillage de notre barque rapide, et bientôt *Ischia* laisse apercevoir ses contours purs, au milieu des brouillards qui tombent à notre approche, comme un voile de gaze diaphane.

Nous touchons la terre, et toute la rêveuse poésie de ce spectacle s'évanouit en nous laissant le regret de n'en avoir pas joui plus long-temps.

T. Gudin inv. et del 1856
Lith de Lemercier à Paris

ISCHIA.

XXXI.

4 décembre 183...

Atteindre la pointe *San – Nicolo*, sommité la plus élevée de l'île d'Ischia, visiter ensuite *Procida* et retourner le soir à Pouzzoles, tel était le plan que nous avions formé pour la journée. Il n'a point été rempli, nous avions compté sans les vents.

Une nuit profonde régnait encore sur Ischia à l'heure où nous partîmes. Pas une clarté, si ce n'est celle des lampes qui brûlaient aux pieds des madones, ne dissipait l'obscurité dont nous étions enveloppés. Cependant le soleil montra bientôt son front à l'horizon ; son auréole s'étendit insensiblement, et la nature se révéla à nos yeux dans tout son éclat.

Joie du matin, paix de la terre qui s'éveille aux premiers rayons du soleil, et le salue de ses chants d'amour..... que vous êtes douce à l'ame ; il semble qu'elle quitte cette vie pour s'élancer vers une autre patrie !

Le paysage offre ici un caractère plein de contrastes : là il est dur, sombre, austère, comme les monts granitiques ; ailleurs il est riant, doux, insaisissable, comme les horizons noyés dans les vapeurs du soir. Par un heureux caprice de la nature, elle a réuni sur un même point tous les effets de ses œuvres diverses, et de leur choc imprévu naissent mille beautés neuves et soudaines, mille scènes gracieuses ou terribles.

Tantôt, sur les pentes légèrement inclinées, on suit un chemin facile, des broussailles, des épines fleuries déguisent l'aridité du sol, et çà et là des vallées verdoyantes fixent le regard charmé. Plus loin, des milliers d'oiseaux, cachés dans le feuillage d'arbustes odorans, font entendre leurs chants joyeux. C'est ici une oasis fraîche et riante où l'on voudrait s'arrêter indéfiniment.

Mais aux belles vallées, aux collines arrondies, aux arbres en fleurs, succèdent des rochers noirs, anguleux, à la cime desquels les vautours ont jeté leurs nids. Des nuées d'oiseaux de proie prennent, de leur faîte, leur vol pesant, et, semblables à un nuage épais, s'abattent sur la terre. De toutes parts, restes d'avalanches volcaniques, des pierres étalent les teintes brunes et rouges de leurs énormes débris. Au milieu de ces rocs inaccessibles, des sentiers sont à peine tracés, et c'est par eux que l'on arrive à la pointe *San-Nicolo*, qui présente son front sourcilleux à la foudre et à la tempête.

De là quel admirable spectacle! toutes les beautés de la création se découvrent aux yeux, se manifestent à l'esprit : c'est une révélation de l'infini!...

Un ermitage est taillé dans les profondeurs du rocher. Placé plus près du ciel que de la terre, un homme vit en ce lieu! De ce point culminant, l'œil embrasse Ischia dans tout son ensemble. Cette île formée par les explosions successives des volcans en porte la vive empreinte. Autour du mont *Epomeo*, sa base fondamentale, douze monts sont venus se grouper.

Je laissais descendre mon regard au fond des précipices, se perdre dans les ravins, se reposer sur une riche végétation qui mêle ses teintes brillantes aux couleurs austères des rochers ; je le laissais errer sur la mer, sur les îles qui nagent à sa surface, jusqu'à ce qu'il rencontrât les montagnes bleuâtres qui fixent les derniers plans de cet immense horizon.

En descendant de *San-Nicolo*, nous nous arrêtâmes au petit bourg de *Casamicciola*, ébranlé récemment par un tremblement de terre. Soudain des cris perçans arrivèrent jusqu'à nous. Une femme en pleurs, haletante, échevelée, accourut à notre rencontre ; elle implora nos secours, et nous guida vers son mari, qui gisait sur la terre et n'avait plus que quelques instans à souffrir. L'infortunée, à genoux près de lui, tenait ses enfans embrassés qu'elle voulait tuer, disait-elle, pour qu'ils échappassent aux angoisses de la misère et de la faim. Un prêtre survint, il donna des consolations à la malheureuse mère, et rendit le calme et l'espoir à l'ame du mourant...

Quand la dernière heure a sonné, quand la barque brisée échoue au port, la religion est là indulgente et forte, elle relève le courage, calme le désespoir, fait passer l'ame, sans effort, sans douleur, des mensonges de la terre aux vérités du ciel..... Religion divine qui sur le lit d'un mourant fait planer l'espérance!....

Nous nous rendîmes rapidement à notre hôtel, nous partions pour *Procida*, et nous fûmes promptement embarqués. En nous éloignant nous envoyâmes un dernier adieu à Ischia, nos regards ne s'en détournèrent que lorsqu'elle ne leur offrit plus qu'une ligne incertaine.

Nous ne visitâmes qu'imparfaitement l'île de *Procida*.

Il fallait repartir: le temps était nébuleux, tout présageait une bourrasque. Nos marins nous conseillaient d'attendre, mais notre décision l'emporta.

Nous n'avions pas fait un demi-mille, que la mer avait grossi au point de nous inquiéter. Le vent, messager de l'orage, soufflait déjà avec violence et nous poussait impétueusement vers Misène. Il devenait dangereux et presque impossible de retourner à *Procida*.

Des nuages que nous avions vus s'amonceler à l'horizon s'élèvent maintenant sur nos têtes comme un rideau épais, leur sombre couleur contraste avec celle de la mer blanche d'écume ; à chaque instant le vent soulève autour de nous des lames furieuses, enfin la mer irritée nous offre tout à coup dans la lutte des vagues, des dangers inouïs. Peu à peu les barques de pêcheurs que nous distinguons à peine à travers les grains, se hâtent d'amener leurs voiles, et cette manœuvre nous est bientôt nécessaire à nous-mêmes, lorsque de pesantes rafales fondent sur nous avec une impétuosité telle que nous craignons à chaque instant de sombrer, ou de voir enlever impitoyablement le lambeau de toile qui doit nous conduire au port, si dans un de ces momens il ne cause notre perte en nous faisant chavirer. Le plus grand désordre règne dans notre équipage. Notre embarcation non pontée fait entendre d'horribles craquemens à chaque secousse qu'elle reçoit des lames prêtes à nous engloutir ; et nos gémissemens se confondent avec ceux de la mer et de la tempête !... Imposante harmonie, que celle de ces voix mystérieuses, de ces menaces de mort que proclament ensemble et les vents et les flots.....

C'est ainsi que nous luttions depuis quatre heures, lancés sur des montagnes d'eau, ou replongés sous la vague, roulant d'abîme en abîme, et ne pouvant plus résister aux élémens conjurés ; cependant, par une manœuvre habile, notre pilote parvint à tourner le cap, et bientôt notre pied toucha la terre, où nous remerciâmes Dieu avec effusion d'avoir échappé à un péril si imminent.

MISÈNE.

XXXII.

5 décembre 183...

Eveillés avant le jour par notre *cicerone*, nous sommes bientôt sur la route de *Misène*. Là des ruines nous attendaient encore. Si jadis en ce lieu fut une ville, on ne saurait en constater l'existence par quelques débris qu'on retrouve aujourd'hui çà et là. Le promontoire est nu et désolé, et domine la mer

solitaire comme lui !... Mille pensées diverses naissent à la vue de ces restes épars, jetés sur cette côte
déserte comme les débris flottans d'un naufrage.

De ce cap de Misène, madame de Staël a fait un
trône à sa *Corinne*, et en parcourant les belles pages
où son génie et son ame se sont traduits, on retrouve
les impressions fortes et puissantes dont elle fut émue
en ces lieux, si près des tombeaux de Scipion et
d'Agrippine, de la terre où vécut Cicéron et où se re-
posa Virgile !... Ses émotions vives et instantanées
se fraient à chaque ligne un passage dans ses récits.

Ainsi la destinée fatale convertit des royaumes en
déserts, elle éteint dans le silence la voix des peuples ; mais la plage abandonnée a encore ses ravissemens, le bruit de la vague qui se brise contre les
ruines a sa mélodie !...

C'est à *Misène*, dans la maison de Lucullus, que
Tibère finit son odieuse vie. C'est de *Misène* aussi
que partit Pline l'Ancien, pour aller observer de plus
près l'éruption du Vésuve. Sa mort fut le prix de son
amour pour la science : les flammes du volcan le
suffoqu èrent.

La grotte de la *Droganara*, creusée dans la montagne, était destinée à recevoir les vins et les autres provisions des flottes romaines.

Entre le promontoire et le port de *Misène*, on rencontre quelques chaumières à la place où brillèrent mille édifices pompeux, et là, comme dans les déserts de Pœstum végète une population languissante, étiolée, promise incessamment au cercueil.

A *Bauli* placé entre Baïa et le cap Misène on voit la *Piccina Mirabile*, vaste réservoir où les Romains conservaient pour leurs vaisseaux une eau toujours douce et fraîche. Les voûtes reposent sur d'énormes piliers, dont l'indestructible ciment a résisté aux efforts du temps.

Les cachots où Néron faisait jeter les victimes de son despotisme se voient encore. Construits dans les entrailles de la terre, il en est quelques uns qui aboutissaient à la mer. Les infortunés qu'on précipitait dans ces antres souterains, n'en sortaient que pour recevoir la mort, au pied de la statue de ce tyran sanguinaire, et la mer ouvrait à leurs restes, ses muettes sépultures.

Non loin de là, on nous fit remarquer le tombeau de la mère de ce monstre. Il est de forme circulaire, entouré d'une galerie, et l'on retrouve encore quelques vestiges des peintures dont les murs étaient décorés.

De retour à Pouzzoles nous avons visité la *Solfatara*, montagne de soufre, qui a gardé un signe indélébile de son origine. Elle ne vomit plus de flammes. Le volcan dort d'un sommeil perfide, l'explosion sera le réveil.

Naples nous a paru belle, splendide, en quittant ces déserts, où le temps et les révolutions n'ont rien laissé debout. Elle était parée, retentissante comme en un jour de fête; c'était en effet un jour de fête et de bonheur pour ses habitans. Une brillante frégate s'était montrée à nos regards des hauteurs d'Ischia ; elle s'avançait avec majesté, fière du noble dépôt qu'elle portait ; l'onde frémissait autour de ses flancs arrondis ; le vent enflait ses voiles, et ses pavillons armoriés balançaient dans l'air leurs flammes élégantes. La foule enivrée couvrait le rivage, et ses joyeuses acclamations saluaient l'arrivée d'une jeune souveraine. La noble fille de Victor Emmanuel , Marie-Christine-Elise de Savoie (1), venait s'asseoir sur le trône de Naples auprès de Ferdinand II. Pauvre Reine ! Tous ces chants , toutes ces pompes , ces salves, ces fanfares , tout cela, pauvre Reine ! te cachait bien des soucis , des douleurs et des larmes !...

Ta vie a été courte... Les fleurs de l'hymen se sont séchées pour toi sous les cendres de la tombe. Aujourd'hui ton front pâle et couronné est récouvert d'un linceul ; tu as atteint une autre patrie ! Ne garde point de regrets de tes jours rapides !... n'as-tu pas cruellement appris la fragilité des biens de cette vie, qui s'écoule entre un sourire et des larmes ?

Les anges t'ont reçue ; sois heureuse !...

(1) Née le 14 novembre 1812, elle est morte dans la vingt-quatrième année de son âge , après avoir donné le jour à un héritier de la couronne de Naples !

SORRENTE.

XXXII.

7 décembre 183...

Le nom du Tasse, si cher à l'Italie, si glorieusement répété de siècle en siècle par les populations de ces contrées, imprime à la ville de Sorrente, où il est né, un caractère tout poétique qui prend sa source dans de tristes et nobles souvenirs.

J'ai vu cette ville, j'ai contemplé la demeure du Tasse avec un religieux amour.

Sorrente, dont les rues tortueuses et solitaires, gardant je ne sais quelle couleur chevaleresque du moyen âge, contrastent singulièrement par leur silence avec les rues parées et bruyantes de Naples, Sorrente, protégée par ses orangers et ses fleurs, ma paru un délicieux séjour. La démarche noble, les traits sévères de ses femmes offrent le type caractéristique de la beauté italienne.

Nous avons fait de longues promenades sous les bois, dont cette ville est environnée. Chargés de fruits, les orangers et les citronniers pliaient sous leur poids ; et le vent balayait sous nos pieds leurs fleurs odorantes, comme en automne, dans nos climats, il jette sur le sol les feuilles des arbres dépouillés.

De jolies maisons d'une construction élégante se montrent partout, et n'ont rien de l'aspect sombre et monotone des édifices de nos pays septentrionaux. Des balcons, des terrasses s'abritent sous les rameaux de la vigne qui serpentent autour d'eux en riches festons. C'est là qu'au déclin du jour, la famille vient chercher le repos et le souffle embaumé de la brise du soir.

Mais me voici dans la maison du Tasse, berceau du génie immortel, qui de sa plume inspirée traça les grands tableaux de LA JÉRUSALEM DÉLIVRÉE; qui dessina cette fraîche peinture de la vie pastorale dans les pages de l'AMINTE, qui n'a point eu de modèle et n'aura pas d'imitateurs ! C'est là que dégoûté du monde, las de sa propre gloire, blessé à mort par les persécutions du prince de Ferrare, il fut reçu par sa pieuse sœur... c'est là, sur cette terrasse, qu'il écrivit les beaux vers que l'Italie redit encore avec transport !...

La mer se brise contre les murs de la maison du poète et s'éloigne en murmurant. Que de fois ses mugissemens plaintifs ont dû s'unir au trouble des pensées qui torturaient le cœur de l'infortuné Torquato !... Mais déjà la vague a ébranlé les fondemens de cette demeure sacrée ; le temps qui ne respecte rien la menace d'une ruine complète. Ainsi tous les monumens de gloire, dont l'Italie s'enorgueillit encore, auront le sort commun aux autres monumens ; ils

tomberont, ils s'effaceront de la terre, et le guide
dira au voyageur attristé :... *Ils étaient là !...* amère
pensée !... Eh quoi! il n'y aura point même de
privilége pour les reliques de cette terre qui fut
le berceau du Tasse et où repose la tombe de Virgile !...

ADIEUX.

XXXIII.

10 décembre 183...

Je n'ai plus que quelques instans à rester à Naples, et je veux les passer dans le recueillement des souvenirs.

Ils eurent pour moi quelque douceur, les jours qui s'écoulèrent rapides dans ces lieux, où la douleur m'avait amenée. Elle trouva dans cette nature grande et libérale un allégement qu'à mon départ je n'osais espérer. J'ai encore pleuré à Naples dans mon casino, à l'ombre des orangers j'ai pleuré!.... car il manquait à ma vie un objet adoré, dont l'image toujours présente à mon cœur, y restera tout entière jusqu'à ce qu'il ait cessé de battre!...

En relisant ces pages, j'ai senti que ma profonde tristesse ne m'avait pas toujours laissé voir les choses et les hommes sous leur véritable aspect. Mes jugemens, mes opinions ont souvent gardé l'empreinte de cette amertume irritante, de ce malaise moral. J'ai parlé des populations avec cette rigueur qu'inspirent de moroses idées, et parfois mes pinceaux ont assombri ces belles vallées, ces riantes campagnes que mes yeux ne voyaient qu'à travers des larmes : je le reconnais, et cependant je ne saurais, je l'avoue, effacer les ébauches, fruits de mes premières et soudaines impressions; je les respecte comme les traits fugitifs d'un croquis tracé sur nature, où il y a toujours plus de fidélité que dans le tableau auquel il servit de modèle.

Si les émotions que j'ai ressenties en parcourant

l'Italie, ont été presque diamètralement opposées à celles que j'y attendais ; si j'ai eu quelque mécompte, éprouvé quelque désenchantement dans ce pays, que je considérais comme le berceau des arts et du goût, j'ai trouvé des compensations dans la curieuse étude d'un peuple que traitent avec trop de légèreté la plupart des voyageurs qui n'ont d'observateurs que le nom.

On pourrait croire en effet, sur la foi de beaucoup d'ouvrages consacrés à décrire l'Italie, que la cendre des vieux Romains ne peut plus produire que des lazzaroni et des fleurs éphémères.

Cependant il n'en est point ainsi. Au lieu d'un peuple exclusivement fanatique et mendiant, vivant des aumônes monastiques, ou s'assoupissant au soleil, qu'ai-je vu ? Un peuple indifférent à l'extérieur, il est vrai, aux principes qui règlent ses devoirs et ses droits d'homme et de citoyen ; portant cette indifférence presque jusqu'au dédain pour l'autorité qui l'opprime ; mais cachant sous cette indifférence, qui d'ailleurs n'est peut-être qu'un noble exemple de philosophique résignation, tous les germes d'une intelligence prompte et vigoureuse, qui n'attend qu'une heure favorable pour se développer. Oui , j'ai vu ce peuple, dont l'apathie apparente s'animera à la pre-mière étincelle de gloire ou de liberté qui viendra l'électriser, et cette étincelle est prête à jaillir, ou de l'orgueil de sa noblesse que le mot de nationalité Italienne soulève contre la tyrannie Tudesque, ou de l'esprit élevé de son tiers-état, composé d'écrivains, d'artistes, et d'éloquens avocats que nos armées ré-publicaines ont conquis aux principes d'égalité sociale.

Je croyais ne rencontrer partout ici que des hom-mes façonnés au joug du despotisme, par la puissance de l'autorité ecclésiastique ; mais non, d'autres res-sorts, des ressorts de violence , et par cela même de peu de durée, soutiennent les dominateurs de ce beau pays. C'est par la force des baïonnettes ger-maniques qu'ils règnent ; ce sera peut-être un jour sous la force des baïonnettes qu'ils tomberont!....

Si, comme chez nos aïeux, il pouvait y avoir quel-que autorité dans les prévisions d'une femme, je dirais que ce sera du midi que nous viendra la lumière!...

Et en effet, qui pourrait se refuser à reconnaître,

que le caractère italien est philosophe et ferme. Ces peuples considèrent les choses de ce monde comme les résultats d'une volonté immuable, d'une souveraineté qui a son trône ailleurs que sur la terre. Ce n'est point à lutter contre une puissance occulte qu'ils aspirent : le combat leur paraît inutile ; mais ils espèrent et ils attendent !

Ils s'enveloppent dans leur manteau, qui dissimule la force athlétique de leur corps, comme les traits mobiles de leur visage déguisent au besoin les ardens transports de leurs cœurs passionnés..... Que dans ces cœurs il y a d'avenir encore ! que de vertus et d'héroïsme peuvent jaillir de ces populations serviles, sous lesquelles se cache un grand peuple !....

VENISE.

L. Isabey inv.t et del.
Lith. de Lemercier à Paris

ARRIVÉE A VENISE (1).

XXXIV.

, 1er mai 183...

Nous partons pour Venise !... Je vais donc admirer les beautés antiques de cette ville, et étudier sur chacun de ses monumens les détails de son histoire, enveloppée de tout le piquant et de tout l'attrait du merveilleux.

(1) Il y a entre Naples et Venise un intervalle de trois mois. L'auteur a passé l'hiver dans une des villes du nord de l'Italie ; peut-être nous donnera-t-elle plus tard les observations qu'elle y a faites.　　　　(*Note de l'Éditeur.*)

Venise ! fille des mers, sortie des vagues de l'Adriatique, s'entoure de ses eaux comme d'un vaste rempart, et leur confie le sort du diadème antique de ses palais et de ses tours.

Jadis libre et reine superbe, elle s'enrichit des fruits de la victoire, laissant à l'Orient humilié l'esclavage en échange des trésors qu'elle en rapportait. Aujourd'hui ses trésors sont dissipés, ses triomphes ne se renouvellent plus ; mais elle a fait son drap mortuaire de ses bannières triomphales où les noms glorieux de Bizance, de Candie et de Lépante, y sont inscrits en traits ineffaçables !...

Venise qui vit un orgueilleux empereur lui demander à genoux la couronne qu'elle avait fait tomber de son front, Venise invitant les monarques à ses banquets somptueux, leur accordant où leur refusant l'honneur de placer leurs noms *sur son Livre d'or;* Venise, rendez-vous des arts et des plaisirs, théâtre brillant des fêtes d'Italie ;

Venise aujourd'hui n'est plus !...

Elle n'est plus que le tombeau de sa gloire passée. L'anneau nuptial du royal époux de l'Adriatique est tombé de ses mains dans des mains étrangères, et la mer n'ouvre plus ses vagues pour le recevoir. Le Bucentaure se survit à lui-même comme un débris naufragé. Le Lion jadis si puissant de Saint-Marc, ce symbole immortel de gloire et de force, dort d'un pesant sommeil. Les images de ses doges sont enfouies dans la poussière... Encore quelques siècles, et Venise à demi penchée sur ses canaux disparaîtra sous les flots d'où elle est sortie, ou n'offrira plus à leur surface que quelques restes mutilés, comme ceux d'une flotte dont l'orage a dispersé sur les mers les mâtures brisées.

Venise aujourd'hui n'est plus !...

Ses édifices sont déserts, ses palais sont abandonnés, ses rues humides sont solitaires; ses enfans ne redisent plus les chants de leur barde favori, l'écho ne répète plus le nom du Tasse; ses jours d'allégresse et d'amour sont éteints; elle n'a plus qu'un nom et des souvenirs!

Venise aujourd'hui n'est plus !...

Après avoir suivi le cours de la *Brenta*, nous arrivâmes à *Mestri* : c'était là que nous devions nous embarquer. Des gondoles et de larges barques de l'Adriatique obstruaient le canal. Impatiens de nous éloigner, nous descendîmes dans une de ces frêles embarcations; elle nous emporta rapidement, et nous gagnâmes en peu d'instans la mer qui s'ouvrit devant nous, comme une plaine immense dont les limites se confondaient avec le ciel.

La chaleur avait été accablante durant la journée : tout présageait un orage pour le soir. En effet, le ciel s'était couvert d'épaisses vapeurs; quelques trouées, cependant, laissaient passage à des clartés douteuses qui se reflétaient sur cette mer d'airain.

A l'horizon s'étendait une traînée d'un rouge éclatant, semblable à une longue trace de sang. La pesanteur de l'air oppressait notre poitrine ; un morne et vaste silence, précurseur de l'orage, n'était interrompu que par le bruit cadencé de la rame des gondoliers. Bientôt les échos prêtèrent leurs voix terribles au retentissement du tonnerre; l'éclair déchira la nue, et la foudre, qu'elle devançait à peine, ébranlait toute la nature : il y avait dans le ciel et sur les ondes un désordre sublime dont la sombre poésie était pleine de majesté et d'effroi ; tout grandissait dans la pensée, et sous l'influence de ce spectacle sinistre l'ame se prêtait à mille impressions bizarres et fantastiques.

Nous voguions silencieusement au milieu des lagunes; de noires gondoles, semblables à des cercueils flottans, glissaient en tous sens sur la mer; l'une d'elles, fondant sur nous, effleura la nôtre, et toutes deux se croisèrent comme deux flèches ennemies. A peine eûmes-nous le temps de jeter sur elle un regard curieux : elle avait fui, et son passage n'avait laissé de trace que dans ma pensée.

Qu'est devenu le temps où l'étranger visitant la fastueuse et galante Venise, la cité aux aventures nocturnes, aux vengeances implacables , aux crimes impunis , aux tortures sanglantes, qu'est devenu le temps où l'étranger ne voyait une gondole errer sur les lagunes, qu'avec la crainte d'y découvrir quelque horrible mystère, ou l'espoir d'y surprendre un secret d'amour ?

Mais Venise aujourd'hui n'est plus!...

La ville de marbre, comme une flotte arrêtée par le calme, se perdait dans les teintes vagues du crépuscule ; notre impatient regard en devinait plutôt qu'il n'en saisissait les formes imposantes. Fille de l'Adriatique, Venise sortait de l'onde comme du sein d'une mère qui la caresse encore !...

Mais la nuit approchait, et commençait à étendre ses voiles obscurs sur les flèches élancées des édifices. L'ombre descendait sur ces muets rivages ; quelques instans encore, et tout devait s'effacer dans l'abîme des ténèbres....

Courage gondoliers, que vos rames alertes nous fassent glisser à la surface des eaux, et bientôt Venise sera à nous !...

Nous entrons dans le grand canal escortés par la nuit et l'orage. Une impénétrable obscurité règne partout ; on dirait que la ville est plongée dans un sommeil de mort. La foudre seule par ses bruyans éclats interrompt ce silence solennel. Nos yeux mesurent avec une surprise qui ressemble presqu'à de la stupeur, la masse imposante des palais qui bordent le canal ; tout à coup un éclair fend la nue, il illumine les façades de ces beaux édifices, et nous en révèle tout le magique caractère. Mais bientôt pour nous tout s'éteint comme un songe ; cette clarté éphémère rend en quelque sorte l'obscurité plus profonde, et tout rentre dans l'ombre pour n'en plus sortir.

Au moment où notre gondole arrivait au pied d'un palais somptueux, la pluie tombait par torrens. Un escalier de marbre, dont la mer baignait les degrés, s'offrit à nous. Des valets empressés accoururent, et nous engagèrent par leurs pressantes sollicitations à quitter notre gondole ; nous leur cédâmes sans effort, et précédés par eux, nous traversâmes quelques galeries splendides où tout attestait l'opulence et le goût d'une race patricienne... Nous étions dans une auberge !

Venise aujourd'hui n'est plus.....

XXXIV.

Mai 183...

Les joyeuses volées de Saint-Marc, ont salué le retour de la lumière, et je suis debout. L'impatient désir de contempler Venise dans toute sa grandeur, à la clarté du jour, m'a tenue éveillée pendant toute la nuit. J'ai hâte d'interroger ses murs, de leur demander l'histoire des générations qui les ont élevés, et celle des populations, qui, maintenant tristes et humiliées, végètent à leur ombre.

Me voici sur la place qui a reçu son nom de l'Evangéliste, puissant protecteur de la ville.

Voilà Venise avec ses vieux monumens, ses nobles souvenirs, et sa mélancolique splendeur. L'Italie du moyen âge ne nous a rien laissé de plus pittoresque ni de plus magnifique.

Partout où s'arrêtent les regards, ils sont frappés d'étonnement et d'admiration. Ils quittent un édifice pour s'attacher à un autre, et de celui-ci ils reviennent au premier, sans que l'enthousiasme se fatigue, sans que l'impression que leur vue produit s'affaiblisse jamais.

Une ceinture de palais de marbre se déroule autour de la place : là s'élève l'antique basilique de Saint-Marc avec ses coupoles asiatiques ; près du temple, c'est le palais Ducal avec ses formes orgueilleuses et sévères, avec son caractère byzantin ; plus loin s'élance la svelte campanille, qui, des domaines de l'air, a vu tant de siècles s'éteindre à ses pieds.

Plus loin encore, voilà les deux colonnes que, vainqueur des infidèles, Sébastien Zeni rapporta de Constantinople : l'une porte la statue de saint Théodore, ancien patron de la ville; l'autre, le Lion ailé, image symbolique de la puissance de la république.

Ailleurs les aiguilles, les mâts triomphaux, les palais modernes, rivalisent de richesse avec les anciens, se groupent, s'entassent et forment un ensemble où toute une épopée est écrite en lettres de sang et d'or!

Voilà Venise! où la victoire et les plaisirs échangaient de si nobles et de si riantes fêtes, où les chants du peuple commençaient avec l'aube matinale, où les chants d'amour troublaient doucement le silence des nuits. La voilà belle encore; mais humiliée, dégradée, muette!... Hier, chargée de glorieuses dépouilles, aujourd'hui cachée sous des livrées de deuil.

Des impressions diverses naissent de ce grand contraste. Une juste admiration est due encore au souvenir de son ancienne puissance, et sa chûte, quoique méritée peut-être, inspire l'intérêt qu'éveillent les grandes infortunes.

La Place qui fut durant des siècles le centre de tant d'agitations, le théâtre de tant d'augustes cérémonies ; la Place qui vit tant de fêtes guerrières, tant de sanglantes exécutions , tant d'intrigues amoureuses et politiques , est veuve de son peuple , de ses guirlandes , de ses échafauds , de ses conspirations et de ses amours : elle est muette et solitaire ! Le son des tambours des Germains et la plainte de ses fils en réveillent seuls les échos !

Cependant, après avoir long-temps contemplé ces beaux monumens, ces colonnades hardies, ces ogives, dont les trèfles creux jettent tant de grâce et de pittoresque dans l'architecture de ces édifices, je portai mes pas vers l'église Saint-Marc.

Avant de pénétrer dans l'enceinte de cette noble basilique , séjour de recueillement et de prière , je m'arrêtai sous ses portiques majestueux. Une galerie de plus de cent arceaux offre un vaste abri aux fidèles. Sa façade se divise en dix voûtes sur deux rangs, et ses cinq coupoles d'architecture bizantine, assises sur ses murailles dorées, en forment le couronnement.

A l'extérieur règne une admirable confusion de bronze, de marbre, d'or et de mosaïque.

Au-dessus de la principale porte sont quatre chevaux de bronze doré : leur histoire est assez curieuse, pour qu'il me soit permis de la rappeler en quelques lignes.

Ravis à la Grèce par les Romains vainqueurs, ils vinrent d'Athènes à Rome. Là ils servirent à décorer les arcs de triomphe, que souvent la flatterie édifiait aux empereurs. Néron même, l'infâme Néron, eut le sien et les chevaux conquis y figurèrent ! Plus tard, ils s'attachèrent à la fortune de Constantin, et le suivirent aux rives du Bosphore; mais lorsque l'empire ottoman abaissa son turban devant la république Vénitienne, et quand il leur livra les riches dépouilles de sa capitale et de ses mosquées, les chevaux montèrent sur les vaisseaux des triomphateurs, et ceux-ci à leur retour en firent hommage à leur patron vénérable. Ils se reposèrent long-temps à l'entrée de la basilique; mais enfin un jour, un conquérant, dont le regard faisait trembler le monde, vint planter à Venise ses bannières victorieuses. Ces chevaux, qui semblent devoir être à toutes les époques un tribut d'asservissement pour les uns, et un gage de conquête pour les autres, descendirent de leur glorieuse place : ils prirent la route de Paris, et se trouvèrent bientôt, comme au temps des Romains, sur l'arc de triomphe d'un autre empereur. La victoire le avait mis là ; la victoire de tous les princes de l'Europe, ligués contre un seul, les rendit aux Vénitiens, leurs anciens possesseurs. Ils ont repris leur place, en attendant qu'ils s'attellent au char d'un vainqueur nouveau.

On montre sous le vestibule l'endroit où Frédéric Barberousse vint en suppliant solliciter son pardon de l'altier Alexandre III, et traîner son front dans la poussière, pour obtenir que la couronne y demeurât encore !...

Mais j'ai assez admiré l'extérieur de ce temple ; j'entre enfin sous ses arceaux en ogives, dans sa nef sacrée. Les murs se cachent sous les peintures, les fresques et les statues. Ici, comme à l'extérieur, chaque nation vaincue apporta sa dépouille ; à chaque nouveau traité, les flottes de la république déposèrent sous les parvis, des colonnes, des bas-reliefs et de saintes reliques , et attachèrent aux voûtes les armes et les drapeaux conquis.

Voilà le maître-autel avec ses quatre piliers, et la fameuse *Pola d'oro* conquise sur Constantinople ; et puis la chapelle soutenue par des colonnes d'albâtre, que l'on dit avoir appartenu au temple de Salomon.

C'est en cet endroit que repose le corps de saint Marc , qui y fut apporté d'Alexandrie.

Mais sous ces voûtes ne retentissent plus les actions de grâces d'un peuple triomphant ; sur ces marbres , sur ces dalles antiques ne se presse plus la multitude enivrée , qui venait mêler ses chants de gloire aux hymnes saints des ministres du Seigneur. Les jours de joie et de gloire se sont évanouis pour Venise ! aujourd'hui , ces richesses monumentales ne sont plus que les témoins muets d'une grandeur passée !...

Malgré tout le luxe brillant du pieux édifice, l'impression mélancolique qui m'avait saisie en y entrant ne s'était point effacée. Mon regard qui courait le long des colonnes et dans les chapelles latérales me faisait découvrir çà et là des groupes d'hommes

et de femmes prosternés jusqu'à terre ; d'autres erraient dans les angles les plus obscurs du temple ; on
eût dit des ombres arrachées aux sépultures qu'on
rencontrait incessamment sous ses pas.

Je m'approchai d'un autel : un mort, le visage découvert, était déposé sur les marches ; deux cierges
brûlaient près de lui, un vieux prêtre récitait à
voix basse les psaumes sacrés : c'était un pauvre sans
doute qui dormait là !... Cette pompe indigente jetait tout son deuil sur le faste inouï de la riche
église !...

Je me mis à genoux, je priai avec le vieux prêtre,
je ne m'affligeai pas du triste dénûment qui accompagnait les restes mortels d'un malheureux ; les
trésors du ciel ne sont-ils pas assurés à celui qui fut
pauvre et souffrant sur la terre !...

De l'église Saint-Marc, on nous conduisit au palais des doges (1) ; le caractère de son architecture

____

(1) Commencé dans le quatorzième siècle par les doges Marino et Foscari, il a fallu des siècles, des trésors et le génie
des *Bartolomeo*, des *Palladio* et des *Sansovino* pour le construire, celui des *Bellini*, des *Titien*, des *Tintoret*, des
P. Véronèse, pour l'orner.

est plutôt grèco-arabe que gothique. L'édifice est soutenu par deux rangées d'arcades et de piliers; son portique soutient un lion ailé, et la statue de Foscaro.

A l'étage de la partie supérieure s'ouvrent des fenêtres espacées, longues, étroites comme des meurtrières, d'où l'on peut voir ce qui se passe au dehors sans être vu : des balcons ornés de bas-reliefs et de petits clochers se lient avec les découpures de pierre qui courent à la frise du monument.

Ce palais semble résumer en lui toute l'histoire de Venise; ses flancs épais présentent l'aspect d'une forteresse impénétrable, tandis que ses ornemens rappellent la victoire : tout y est exprimé et les triomphes de la république, et son pouvoir mystérieux et cruel.

L'intérieur de la cour est majestueux. Des galeries en ogives règnent dans une partie de l'édifice. C'est ici que les doges, après avoir été portés processionnellement autour de la place Saint-Marc, entraient dans le palais, précédés et suivis de l'affluence du peuple. Ils franchissaient, au milieu des acclamations populaires, les degrés du fameux escalier des géans, où deux colosses, l'un de Mars, l'autre de Neptune, offrent encore leurs gigantesques figures. C'est là qu'on déposait la couronne ducale, sur la tête de l'élu. C'est là aussi, sur ces mêmes degrés, que le bourreau fit rouler la tête de Marino Faliéro. A Rome la roche Tarpéienne est près du Capitole : ici le même lieu fut le trône et l'échafaud !...

Je lis sur le portique qui couronne l'escalier l'inscription, où le passage de Henri III à Venise est rappelé. En ces temps reculés, aucun monarque ne pouvait déployer tout le faste d'un patricien de la République. Henri, au sein de sa cour de France, tenta vainement de rivaliser dans les fêtes du Louvre, avec l'éclat des fêtes vénitiennes. Son luxe royal ne put atteindre la pompe républicaine des nobles de l'Adriatique.

Sous cette longue galerie, on remarque encore avec un sentiment d'horreur, les ouvertures où étaient placées les gueules de lion jadis si formidables, où l'on jetait les dénonciations clandestines, adressées au conseil des Dix. Comme la grandeur de Venise disparaît ici ; comme ce monument de la tyrannie toujours soupçonneuse et craintive abaisse la puissauce de la république, comme il ternit l'éclat de sa renommée ! L'histoire inflexible a redit les crimes de Venise, et sa gloire est flétrie !...

Nous pénétrons dans l'intérieur du palais. La salle du grand conseil est devenue la bibliothèque depuis que le *Palazzo reale* occupe son emplacement. Des fragmens de sculptures des meilleurs temps de la Grèce, et quelques statues antiques forment ici un véritable musée.

Les plus capitales compositions des grands maîtres de l'école vénitienne, dont le savant pinceau a écrit l'histoire et les triomphes de leur pays, décorent le palais Ducal.

Là, je vois *le Retour du doge, André Contarini*, vainqueur des Génois, par P. Véronèse ; plus loin, le fils de l'empereur Barberousse, *le prince Othon, fait prisonnier par les troupes de la république ;* la conquête de Constantinople, tombant soumise aux pieds des Vénitiens, et des croisés triomphans ; chefs-d'œuvre du Tintoret. Ici, Barberousse lui-même aux pieds du saint-père ; ailleurs, c'est le combat de Lépante, Vérone conquise, Zara tributaire ; partout la victoire marche dans ces belles pages, partout elle étend ses brillantes ailes sur le nom redouté de Venise.

Plus loin, ce sont les portraits des doges, rangés dans un ordre chronologique ; mais dans cette grande ligne un portrait est absent du cadre ! sur un fond noir on lit en lettres rouges cette inscription :

HIC EST LOCVS

MARINI FALIERI

DECAPITATI

PRO CRIMINIBVS.

Le paradis dans sa gloire, œuvre gigantesque du Tintoret, occupe le fond de la salle (1).

(1) Ce tableau a soixante-douze pieds de long, et se compose de huit cents figures. Quelle que soit l'immensité de cet ouvrage, il paraît avéré, même aux yeux des peintres, qu'il est en entier de la main du Tintoret, qui mourut à Venise à l'âge de quatre-vingt-dix ans, laissant aux palais et aux églises de cette ville le plus grand nombre de ses productions.

Dans celle où se faisait l'élection des doges, on remarque un tableau de Palma le vieux, il représente le *Jugement dernier* : la Vierge, auprès de son fils, semble de son doux regard implorer la grâce du pécheur. Parmi les bienheureux s'avance une femme aux blonds cheveux, à la physionomie pleine de candeur et de sécurité : Dieu va l'appeler à sa droite ; mais cette sentence ne sera pas accomplie, l'implacable haine du peintre ne le veut pas, et tout à coup cette beauté si pure, si touchante, est chassée du séjour des Elus ; l'ange exterminateur la poursuit, les démons l'entraînent dans les flammes, et l'abîme infernal reçoit sa proie.

Ainsi le cœur déchiré par la trahison d'une maitresse adorée, Palma vengeait son amour méconnu, en inscrivant lui-même sa propre sentence dans ce grand cadre, où son pinceau n'a pas su pardonner.

Mais nous pénétrons dans le conseil des Dix. Là, siégeait le tribunal de sang ; là, les accusateurs étaient juges ; là, pas une voix ne s'élevait pour l'accusé. Les tortures, les cachots, le fer et le poison, voilà quelle était la justice des Dix !....

Dans l'enceinte secrète, où, durant la nuit, se reti-
raient les inquisiteurs pour prononcer l'arrêt de leur
victime, tout était calculé pour éveiller dans son
cœur un sentiment d'effroi. Le sol était revêtu de
marbre noir et blanc, les murs se cachaient sous de
noires tentures, une seule lampe brûlait sur une
table solitaire, trois hommes voilés étaient assis sur
des chaises curules, et se cachaient sous le masque
et sous de larges draperies. Ces trois hommes faisaient trembler le peuple, les nobles, le doge lui-
même, et disposaient impunément de la vie des citoyens !

En sortant de ce prétoire funeste, je n'eus plus
la force de rien admirer, l'enthousiasme avait fait
place à l'horreur !

Cependant, nous atteignîmes le quai des Esclavons,
et bientôt nos tristes pensées cédèrent à l'attrait piquant des scènes toujours vives et variées dont il est
le théâtre. Rendez-vous général de toutes les classes
et de toutes les nations, là, se coudoient et se pressent les Grecs de l'Archipel et les marchands de l'Istrie et la Dalmatie, les moines et les improvisateurs,

les podestats et les aventuriers, enfin les oisifs et les bouffons de toute espèce.

Ici se confondent, et *l'aria* de la cantatrice, et l'improvisation tragique du déclamateur, et le chant des matelots, et les cris incessans de la multitude : le front soucieux de l'homme affairé, qui traverse avec peine ce flux d'acteurs et de spectateurs, s'éclaircit parfois à la grimace du bouffon, et aux lazzi de la foule joyeuse.

Des vaisseaux de tous les peuples étalaient sur le port l'orgueil de leurs belles mâtures ; les matelots faisaient la sieste sur leurs voiles déchirées, au milieu des chebeks, des brigantines, des mistics, et des goëlettes ; une faible brise faisait ployer légèrement les mâts des vaisseaux dans le port, et agitait les lagunes.

Nous prîmes une gondole, nous nous engageâmes dans le labyrinthe que formaient les navires, et nous gagnâmes avec peine le grand canal.

Les palais qui s'élèvent sur les deux bords étonnent par leur extrême magnificence. Vraies demeures royales, ils témoignent par leur caractère imposant du luxe et de la puissance de l'antique Venise.

PRISONS.

XXXV.

Mai 183...

Hier, j'étais dans les splendides salles du palais des doges; aujourd'hui, je descends dans les cachots qu'enferme la même enceinte.... Hier, tout le faste de la souveraineté, toutes les pompes de l'orgueil humain s'étalaient à ma vue; aujourd'hui, les angoisses, les douleurs aiguës, les amers désespoirs, me parlent

àvec mille voix plaintives sous ces voûtes funèbres !...
Là-haut, sous la pourpre, triomphaient les juges ;
ici, sur la pierre humide, d'innocentes victimes expi-
raient de froid et de misère !.... Mais, là-haut comme
ici, nul n'échappa au regard de celui qui voit tout,
et devant lui souvent l'ame du condamné se montra plus pure, plus belle, plus libre que celle des
hommes dont la main avait signé l'arrêt de sa
mort !...

Cependant on ne peut penser sans horreur que,
tandis que sous ces lambris dorés, à la clarté de mille
flambeaux, régnaient les joies du monde, l'orgie des
banquets, les mystères des fêtes galantes, entre d'é-
paisses murailles gémissaient et se tordaient, dans
les longues agonies de l'attente, des infortunés dont
le crime n'avait été peut-être que d'effrayer l'implacable tribunal par l'éclat de leurs vertus et de leur
gloire !.....

Oh !... que de pénibles sensations sont venues, poi-
gnantes, serrer mon cœur à l'idée de ce hideux contraste ! Les somptueux appartemens des princes de
Venise, les tombeaux où ils enterraient vivans ceux

que redoutait leur pouvoir ombrageux, n'ont sans doute été confondus de la sorte, que par le rafinement de la cruauté la plus inouïe. Il y a dans l'homme une soif si brutale de vengeance, et dans ces vengeances tant de jouissances horribles, tant d'épouvantables caprices, qu'on ne peut s'étonner de ce que son imagination a créé d'affreux en ce genre !...

Oui, les sanglots, les soupirs convulsifs, les cris des victimes, portés par mille échos, retentissant jusque sous les dômes parfumés du palais, étaient pour les tyrans, plus suaves, plus mélodieux peut-être, que les chants d'amour et de victoire.

La postérité répète avec exécration le nom des bourreaux, tandis qu'elle pleure sur les victimes. Le jour du châtiment inévitable arrive pour eux, et ce châtiment c'est la flétrissure éternelle, c'est la haine des nations éclairées et généreuses.

J'ai vu ces prisons, dont trop de pertes douloureuses avaient fait deviner l'existence, et dont pourtant les sombres mystères furent impénétrables pendant quatorze siècles ! Oui, voilà les prisons de la république. j'en ai sondé, sans obstacle, sans crainte, les noires profondeurs; et Venise, jadis si puissante et si glorieuse, et Venise et si fière et si riche, et Venise si belle par les arts, si grande par la victoire, m'apparaît soudain, sombre, soupçonneuse, craintive, souillée de sang et de boue; car la délation toujours intéressée et lâche, le despotisme toujours jaloux et sanguinaire, se personnifient encore en elle!...

Mais voici l'étroit passage qui conduit des prisons de la ville à celle du palais Ducal. C'est le pont des soupirs, fondé par le despotisme, nommé par la douleur!...

Deux issues secrètes aboutissaient des cachots sur le canal : l'une recevait le prisonnier, l'autre rejetait son cadavre. Le trépas seul le faisait échapper à l'insatiable cruauté de ses tyrans. Mais avant que son ame fût dégagée de ses liens mortels, il fallait que son corps essuyât les railleries insolentes de ses juges, leur offensante pitié, leurs menaces arrogantes; il fallait que ses membres fussent livrés au contact du feu, aux morsures de l'huile bouillante ou du plomb fondu ; il fallait enfin qu'il entendit sa sentence sortir de la bouche du bourreau, qui devenait son libérateur, en l'affranchissant par la mort de si affreuses tortures !...

Mais le dernier supplice du condamné ne satisfaisait point encore la justice du tribunal des Dix ; ses membres palpitans étaient livrés à l'insouciante curiosité du peuple, que l'amour, l'intrigue et le plaisir amenaient à la fois en ce lieu. Le sang humain ruisselait au milieu des parfums et des fleurs, et le pied de la multitude indifférente s'y baignait !!!...

Dans plusieurs de ces cloaques impurs, où les murs sont usés par le frottement des fers, où la pierre s'est affaissée sous le poids de la tête de l'infortuné qui a pleuré, là j'ai lu, tracés d'une main ferme, ces mots que le temps a respectés :

> Non ti fidar ad alcuno, pensa e taci
> Se fugir vuoi de spioni insidie e lacci
> Il pentirti, pentirti, nulla giova ;
> Ma ben di valor tuo la vera prova.
>
> 1607 a di 2 genaro. Fui retento p' la bestiemma p' aver dato da mansar a un morto.
>
> JACOMO GRITTI scrisse.

De chi mi fido guardami Dio
De chi non mi fido guardar' io.

A TA H A NA.
V la S C K R.

Un parlar poco
Negare pronto
Un pensar al fine può dare la vita
A noi altri meschini.

> 1605. Ego JOHN BATISTA , ad ecclesiam
> Cortellarius.

Les caractères où l'ame a dit ses douleurs sont là,
pour dénoncer le crime à la postérité et pour recom-
mander à ses regrets les hommes qui jetèrent sur
cette muraille humide leur dernière pensée!

On ne peut, en ce séjour ténébreux, se défendre
d'un sentiment de tristesse et d'effroi ; mais celui
d'une juste haine pour les fauteurs de ces actes
d'atroce barbarie est plus profond et plus puissant
encore.

Quand mille pensées se pressaient dans mon
esprit et me plongeaient dans une sorte de stupeur,
dont je cherchais vainement à me dégager, la voix

sourde de notre guide, dont le père avait été geôlier de ces prisons, vint tout à coup en interrompre le cours par un récit qui appela mon attention sur de nouvelles horreurs :

C'était, pendant la nuit, lorsque l'accusé trouvait peut-être dans un bienfaisant sommeil l'oubli de ses maux, que l'exécuteur des hautes œuvres, porteur de la sentence, descendait près de lui et l'éveillait sans pitié. Dès que le condamné avait entendu son arrêt, ses fers étaient brisés, des sbires s'emparaient de lui ; un moine, spectateur de ces meurtres politiques, étendait la main sur la tête du patient qui tombait presque aussitôt sous la hache du bourreau.

Tandis que ces détails sortaient de la bouche du narrateur avec un accent d'indifférence brutale, dont ma plume, qui frémit encore entre mes doigts, ne saurait rendre le cynisme désolant, mes yeux s'étaient arrêtés sur la muraille et ne pouvaient s'en détourner.... ils avaient vu de larges taches de sang !... un sang noir, coagulé, s'était attaché aux parois des murailles. . . . . Sanglante épitaphe des attentats du passé !...

Notre guide, qui, peut-être dans d'autres temps, eût été l'instrument docile des vengeances du tribunal secret, me montra les ouvertures par lesquelles le sang s'écoulait dans le canal ; ce sang qui, sans doute, avait fait battre plus d'un cœur généreux !... Il m'indiqua la porte par où sortait le cadavre, confié aux voiles impénétrables de la Gondole, complice officielle de l'implacable tribunal.

Attentive et dominée par l'effroi, toutes les paroles de cet homme retombaient sur mon cœur comme autant de gouttes de plomb. Oui, c'était sous cette porte fatale que le gondolier tremblant recevait le dépôt de la justice des inquisiteurs ; protégé par les ténèbres il allait ensuite le précipiter et l'ensevelir à jamais dans les profondeurs du lac *Orfano*, dont les eaux frémissantes s'ouvraient pour le recevoir, et se refermaient à jamais sur lui !...

Mort doublement affreuse ; car pour elle, point de vengeance !... Fuyez pêcheurs (1), ne jetez pas vos

____

(1) Il était défendu aux pêcheurs de jeter leurs filets dans cet endroit.

filets dans cette onde tranquille ; craignez qu'ils ne trahissent d'odieux secrets !...

Je n'ai point de mots pour redire ce que j'éprouvais dans ce moment ; je ne savais si je veillais ou si j'étais sous le poids d'un rêve horrible, menaçant !...

Notre cicérone reprit son récit un moment interrompu. Les Français, maîtres de Venise par la victoire, consacrèrent leur triomphe en ouvrant les cachots (1). Un malheureux y fut trouvé (2) ; jeune quand il y entra, il y avait vieilli dans d'horribles angoisses. Sa langue, si long-temps muette, ne put articuler un son, sa paupière appésantie ne supporta point l'éclat du jour, ses membres immobiles, comme si le froid de la mort les eût déjà glacés, ne purent le soutenir, sa poitrine ne put aspirer les fraîches émanations de l'air ; il succomba dans

(1) Les prisons d'Etat appelées *i pozzi*, étaient construites dans l'épaisseur des murailles du palais Ducal ; celles qui étaient élevées au faîte de l'édifice se nommaient *i piombi*. Là, le prisonnier était dévoré par les ardeurs brûlantes du soleil.

(2) C'était un comte dalmatien ; il avait conservé le costume de son pays.

les bras de ses libérateurs , il passa de l'ensevelisse—
ment du cachot à celui de la tombe ; l'air qui fait
vivre le fit mourir !... L'heure de la liberté avait
trop tardé à sonner..... A peine avait-il pu l'en—
tendre !....

LE LIDO.

XXXVI.

Mai 183...

Venise a secoué son deuil accoutumé ; elle a repris pour un jour ses habits de fête, son front courbé se relève radieux ; il y a dans l'air de la joie et de l'ivresse, et les échos des lagunes sortent comme d'un long sommeil au bruit argentin des campanilles de la ville. Sous sa parure de bal, la cité a retrouvé ses folles allures, et l'on ressaisit dans sa physionomie cette gaîté que répand, parmi les populations méridionales, l'espoir d'un jour entier de folie.

Le soleil s'associe à cette joie passagère ; il répand sur la ville une douce chaleur. La brume du matin s'éloigne avec les ombres de la nuit. Des vapeurs diaphanes se balancent au-dessus des eaux, et forment à l'entour des bâtimens dont la rade est couverte, comme un rideau de gaze où le soleil levant imprime ses teintes irisées. Toutes ces vapeurs légères voilent les larges flancs des vaisseaux ; tantôt elles flottent sur le pont, elles volent jusqu'à l'extrémité de leurs mâtures, elles les caressent, elles s'y attachent, comme si elles regrettaient d'abandonnner, à leur réveil, le lieu où elles sommeillèrent paisiblement ; mais la brise les poursuit de son souffle vainqueur, et toutes ensemble vont se perdre dans le nuage de pourpre et d'or qui borne l'horizon.

Une belle frégate, la reine du port, donne le signal, et tous les navires ont arboré leurs pavillons nationaux pour saluer le retour de la lumière. Bientôt tout s'anime, des essaims de gondoles s'élancent du rivage, les bâtimens eux-mêmes sortent de leur léthargie pour se couvrir de leurs voiles que les premiers rayons du soleil doivent sécher de l'humidité de la nuit. Le même mouvement règne sur les quais, la foule s'y presse, elle y étale son luxe de fête, elle y fait entendre ses joyeux accens, elle rit, elle chante, elle s'agite; enfin, Venise vit encore pour un jour!.....

Le Lido doit être le rendez-vous général; c'est là qu'éclatera la joie publique. Au quai *dei Schiavoni*, une joute improvisée rappelle la fameuse *regatta*. Quoiqu'elle n'en soit qu'une image décolorée, elle en retrace cependant assez les accidens imprévus, pour que nous prenions, avec la foule des curieux que ce spectacle attire, un véritable plaisir à en suivre toutes les vicissitudes.

Insensiblement les gondoles gagnent au large, et le silence succède, pour un instant, aux clameurs bruyantes de la multitude que la joute avait amassée sur un seul point. Mais le signal du départ a retenti, et aussitôt mille cris lui ont répondu. Une flottille de gondoles s'est soudain ébranlée, et toutes entre

elles rivalisant de légèreté, rasent les flots qui, fen-
dus par la rame vigoureuse, frémissent autour
d'elles et leur ouvrent une route facile. — Cependant
leurs masses se divisent, les lignes se rompent, elles
décrivent des circuits, tracent d'innombrables festons ; quelques proues alertes laissent derrière elles
leurs paresseuses rivales, et le rire, et les paroles
railleuses, et les applaudissemens proclament le
triomphe des plus adroits ou des plus heureux.

Témoins de ces joyeux défis, nous étions à la fois
acteurs et spectateurs dans cette lutte. L'avantage
n'était pas pour nous : malgré les efforts de nos intel-
ligens rameurs, notre gondole ne suivait qu'avec
difficulté celles qui la devançaient dans leur course
rapide. Deux d'entre elles, qui marchaient en tête
de toutes les autres, se jettent un joyeux cartel. On
dirait qu'elles ne touchent plus la surface de l'onde ;
elles glissent avec la rapidité du requin qui s'élance
sur sa proie ; chaque coup de rame, comme celui
d'une puissante nageoire, leur fait franchir un long
espace ; l'œil a peine à les suivre. Les bravos des
spectateurs qui, de loin les observent, les excitent,

les poussent, les entraînent ; la mer semble irritée de la violence de leur course, elle voudrait en arrêter l'élan ; mais la rame impérieuse lui commande, elle obéit, et les gondoles laissent derrière elles et celles qui les suivent un vaste champ où ne se présentent plus aucun rivaux. Nous n'arrivâmes au but que long-temps après la gondole victorieuse dont la multitude saluait par son approbation bruyante les habiles rameurs.

Le Lido était déjà une île mouvante habitée par un peuple heureux ; tout y respirait la joie et la liberté. La nature souriait à cette félicité populaire ; aucun monument brisé ne rappelait en ce lieu la décrépitude ni l'abandon de Venise, et ses enfans aussi l'oubliaient !...

La multitude se précipite vers les champs où ses regards aiment à se repaître d'un peu de verdure ; les gazons qu'elle foule, l'ombre du feuillage, tout est séduisant pour ce peuple des lagunes. La foule passe leste et joyeuse, sa gaîté tient de l'ivresse ; rien ne modifie ses vives impressions.

La journée s'était écoulée follement. Vers le soir

nous reprîmes notre gondole, et nous aperçûmes bientôt Venise dans le lointain. Quelques reflets pourprés, derniers échos du jour, coloraient ses dômes, ses flèches gothiques, et la belle façade du palais des Doges. La lune allait régner à son tour; elle se levait comme un globe de feu rougi par les vapeurs de Venise.

Les contours de la ville toute poétique formaient une silhouette dentelée de l'aspect le plus piquant. L'église Saint-Marc y jouait un grand rôle : son clocher en était un des points les plus importans. Les colonnes, trophées de la gloire républicaine, les palais, les flèches élancées des basiliques complétaient ce tableau qu'on ne saurait décrire.

En approchant de Venise la scène s'anima; des barques s'agitaient en sens divers, des bâtimens de toutes formes et de toutes grandeurs étaient à l'ancre. Les navires que je venais de passer se détachaient en vigueur sur l'horison enflammé, de manière à ne laisser aucun détail de leur mâture inaperçu, tandis que ceux sur lesquels notre gondole se dirigeait se dessinaient à peine dans une vapeur que la lune, par sa molle clarté, augmentait encore. Quelques chants harmonieux, accompagnemens obligés des soirées d'Italie, se répétaient dans l'air et sur les eaux. La lune traçait sur la mer un long reflet dont les gondoles, à leur rapide passage, venaient soudain briser la ligne. Tout à coup elle éclaira l'azur du ciel, et Venise, au milieu de ce foyer de blanche lumière, nous apparut belle du charme de la nuit, et de son repos solennel.

T. Chedel del 1836
Lith de Lemercier A Paris

SERVUOLE.

XXXVII.

Mai 185...

L'air était pur, la mer était calme, le soleil s'in—
clinait doucement vers l'horizon humide de légères
vapeurs ; la brise marine arrivait à nous fraîche et
caressante, notre gondole nous entraînait dans sa
marche rapide loin de Venise la belle, et nos regards,
avides de la contempler encore , n'abandonnaient qu'à

regret les palais et les flèches dorées de ses basiliques, qui s'évanouissaient insensiblement dans l'espace.

Celui qui n'a pas vogué au déclin du jour sur cette mer si belle, dont les eaux tranquilles semblent dormir, bercées mollement par le souffle tiède du vent, lorsque la mauve blanche rase le bleu miroir qu'elle effleure à peine de son aile ; celui qui, dans le vague bonheur d'une pensée recueillie, n'a point été balancé sur ces flots paisibles, qui n'a point laissé errer ses regards sur ces scènes changeantes, variées pour lui à l'infini par la rame docile ; celui-là, enfin, qui n'a point entendu les chants du Tasse redits encore avec un religieux amour par le jeune gondolier, oh ! non, celui-là, que les heures du soir n'ont point surpris sur le beau golfe de Venise, ne saurait comprendre notre douce extase !...

Qu'en ce moment l'atmosphère était légère pour moi ! que d'images riantes écartaient de ma mémoire de douloureux souvenirs ! Je jouissais pleinement de ce calme de la nature qui s'était répandu dans mon ame, quand soudain des voix tumultueuses, firent retentir la rive de gémissemens plaintifs et de cris perçans ; leur bruit imprévu, déchirant, me réveilla de l'heureux sommeil où j'avais laissé aller ma pensée. Mes regards s'arrêtèrent en ce moment sur un vaste édifice ; à ses murs épais, à ses fenêtres étroites et hérissées de fer, je crus reconnaître une prison. Toute l'inquiétude que j'avais ressentie la veille dans les noirs cachots de Venise se saisit de moi, et me maîtrisa par l'effet d'une subite terreur. Je crus trouver là les victimes absentes des prisons de l'inquisition, il me sembla les voir, luttant contre le désespoir, blasphémant le ciel, cédant à de longues tortures, et exprimant dans un rire strident toutes les convulsions d'une impitoyable douleur. C'était l'enfer du Dante ! c'étaient les suppliciés et les bourreaux échangeant entre eux d'affreuses railleries, se menaçant, se provoquant sans cesse — c'étaient des fous !... devant lesquels un funeste hasard, je dirais presque la fatalité, me plaçait inopinément encore. C'était *Servuole* enfin, triste réceptacle de la plus affreuse des misères humaines.

L'approche de notre gondole avait mis en rumeur tous ces malheureux : suspendus, accrochés aux barreaux de fer , leurs cris perçans , leurs exclamations douloureuses s'éteignaient dans des rires sataniques. Leurs regards étaient menaçans, leurs traits contractés, leurs accens convulsifs, leurs gestes fébriles, imprévus et bizarres ; ils secouaient avec violence les grilles de leurs prison : on eût dit des bêtes fauves prêtes à s'élancer sur nous. Il me tardait de m'éloigner d'un si hideux spectacle, et déjà même j'avais invité notre gondolier à pousser au large, quand un jeune prêtre dont les traits rappelaient le caractère simple et touchant de son ministère, nous engagea par des paroles si bienveillantes à visiter ces infortunés, que je ne me sentis pas la force de le refuser : il me sembla que c'était un acte de pieuse charité qu'il me demandait, et qu'il y aurait eu à moi de la dureté à repousser sa prière.

Nous pénétrâmes donc dans *Servuole*, et nous pûmes étudier de plus près la physionomie de ses tristes hôtes.

Ceux dont la folie est morne et silencieuse, y jouissent de quelque liberté ; ils ont accès dans de longs corridors et dans de vastes salles. Bientôt ils nous entourèrent en grand nombre, exprimant par des gestes et des mots incohérens leurs émotions diverses.

Les aliénés que leur fureur rend dangereux, sont enfermés étroitement dans des cellules qui reçoivent la lumière du côté de la mer ; elle bat sans cesse le pied de l'édifice, et lorsque dans les jours d'orage les flots irrités se brisent avec fracas contre ces murs qui leur servent de digue, alors les gémissemens de ces infortunés se confondent avec ceux de la tempête !....

L'orgueil mécontent, l'ambition déçue, l'amour trahi, ont amené dans ce lieu presque toute cette misérable population ; ainsi, les passions humaines sont à la fois le foyer de tous les crimes, de tous les maux, de toutes les folies !

Cependant parmi les fous de *Servuole*, il s'en rencontre quelques uns qui méritent un intérêt bien vif ; ce sont ceux qui, n'ayant pu lutter victorieusement contre l'envahissant pouvoir de l'Autriche sur leur patrie, ont laissé dans le combat leur intelligence d'homme et de patriote ; ce sont ceux encore dont le cœur

tendre, aimant, fut trompé et auxquels une infidé-
lité a coûté la raison.

Au nombre de ces derniers, le bon père *Innocente*,
qui nous accompagnait, nous fit remarquer un jeune
homme, qui, dans ce moment, enveloppé de son large
manteau, semblait plongé dans un profond sommeil.

Au-dessus de sa couche, je remarquai quelques
fleurs desséchées et une branche de cyprès nouvelle-
ment cueillie et un cadre noir dans lequel je lus ces
vers que j'ai essayé de traduire ainsi :

> Plus ne verrai ma tendre amie;
> Oui, c'en est fait, je la perds sans retour.
> Le sort jaloux a terminé sa vie,
> Adieu bonheur, adieu l'amour !...
> Rien ne pourra sécher mes larmes :
> Tous mes plaisirs ont disparu.
> Rien pour moi n'aura plus de charmes :
> En la perdant, j'ai tout perdu !
> Quel noir chagrin, quel supplice j'endure!
> Ah! l'air que je respire est un affreux poison !
> Tout me déplaît dans la nature.
> Dieu ! s'il faut que je vive, ôte-moi la raison.
> Heureux, encore dans ma folie :
> Je la verrai ,

> J'écouterai sa voix chérie,
> Je l'entendrai.
> Content de ces tristes mensonges,
> Ils suffiront à ma félicité :
> Mieux vaut encore d'heureux songes,
> Qu'une triste réalité!....

. . . .

Il n'en fallait pas tant pour éveiller notre curiosité, et je demandai aussitôt à l'excellent prêtre qui nous servait de guide, quel malheur avait troublé la raison de ce pauvre insensé. *L'amour*, reprit le bon père, avec un soupir qui partait d'un cœur que l'amour de Dieu n'avait peut-être pas toujours seul rempli ; et, remarquant que j'attendais de lui quelques détails, il continua en ces termes :

« Issu d'une ancienne famille, le comte Paolo L...
« vivait près de son vieux père ; il était heureux et
« libre de tout engagement, lorsque dans une fête,
« où l'élite de la vieille noblesse de Venise était réunie,
« il rencontra la jeune Bianca. Il l'a vit, et dès ce
« jour l'aima éperdûment. Elle ne repoussa point
« les vœux de Paolo ; il s'en crut aimé, et s'aban-
« donna sans défiance aux prestiges de cette douce

« illusion.» (Ici le bon père fit une pause, baissa les
yeux et poursuivit son récit.) « Mais son bonheur fut
« de courte durée ; il apprit bientôt que Bianca avait
« donné son cœur à un autre, et dès ce moment il
« dit adieu au bonheur, au repos. Il parvint à force
« d'or à gagner le gondolier qui avait le secret de la
« coupable ; il apprit de lui que l'amant préféré de-
« vait se rendre à la nuit au palais de Bianca, et la
« recevoir dans sa gondole. Son parti fut pris aussitôt :
« il résolut de surprendre le couple heureux. Quand
« l'heure fut venue, il se jeta lui-même dans une
« autre gondole, et grâce à l'agilité de ses vigoureux
« rameurs, il suivit de près celle de son infidèle qui
« gagna le large et, dans l'ombre, se dirigea mysté-
« rieusement sur le rivage solitaire d'une des îles qui
« entourent Venise. Durant ce trajet, mille sentimens
« tumultueux se pressèrent dans l'ame de Paolo ; il
« jura de tirer une vengeance éclatante de son ou-
« trage : il tint parole.

     « Enfin la gondole de Bianca s'arrête, Paolo
« s'élance de la sienne, et lorsque son rival em-
« pressé met le pied sur la rive, il le saisit au corps

« et le précipite dans les eaux des lagunes...... »

« En ce moment Bianna tendait la main à un
« homme dont elle ne pouvait reconnaître les traits ;
« cet homme l'attirait vers lui avec violence, et,
« avant qu'elle n'eût poussée un cri, le poignard de
« Paolo avait fouillé dans son perfide cœur!... » Le
père *Innocente* se tut en cet endroit, et je l'entendis murmurer tout bas une prière pour celle qui
reposait sous la terre, et pour celui qui dormait là....

Nous passâmes dans la partie de la maison occu-
pée par les femmes. Leur folie n'était ni moins effer-
vescente, ni moins sombre, ni moins terrible en ses
éclats que celle des hommes. Le calme qui règnait
dans une des cellules m'en fit approcher.

L'infortunée jeune fille qu'on y retenait enfermée,
était assise dans l'embrasure de la fenêtre, la tête
appuyée contre les barreaux de fer. Sa triste et naïve
figure placée dans l'ombre, se modelait sur un ciel
lumineux. Là, l'œil morne, le regard fixe et arrêté,
elle semblait absorbée dans une idée unique.

En nous apercevant, elle descendit avec une sorte
de regret de la place où nous venions de la surpren-

dre, et d'un pas lent elle se dirigea vers nous. La pâleur de son visage, l'amertume de son sourire, les feux éteints de ses yeux que noyaient encore les larmes qui avaient laissé des traces sur ses joues décolorées, tout en elle inspirait l'attendrissement le plus profond ; c'était le malheur sous les traits les plus déchirans, et un regard de ses yeux flétris était le plus vrai, le plus éloquent récit de ses longues souffrances. Elle aussi était victime d'une affreuse catastrophe. Une mort rapide, imprévue, lui avait arraché l'objet de son amour. Déjà revêtue de la robe de fiancée, elle marchait à l'autel, et la mort impitoyable jeta sur sa couronne de mariée ses crêpes funèbres.

En ce moment, cette pauvre jeune fille me parut si calme, qu'involontairement je m'approchai du seuil de sa cellule ; elle me prit la main et la pressa sur son cœur. J'essayai de lui faire entrevoir un avenir prochain de liberté, et un espoir certain de retrouver sa famille ; elle me répondit aussitôt : « Il mio padre, « mio fratello, e *lui* sono già nel cielo, io sola sono « ancora quaggiù, ma Iddio mi la promesso che non « tarderebbe a richiamarmi. » Elle accompagna ces paroles d'un rire si tristement joyeux, que cette joie amère, ce rire lamentable, retentirent long-temps dans mon cœur !.....

Le père *Innocente* nous fit visiter ensuite tout l'établissement dans ses moindres détails.—A la manière dont il était accueilli partout, nous comprîmes qu'il exerçait envers tous les habitans de cette retraite une constante sollicitude. — J'appris de lui qu'il s'était préparé par des études spéciales à la profession de chirurgien. — Il n'était point prêtre, quoiqu'il en portât l'habit; un vœu lui interdisait le mariage et le consacrait aux soins de l'humanité souffrante. — Je lui demandai s'il n'avait point quelquefois regretté d'avoir contracté un tel engagement; *Giammai, son felice!* reprit-il avec vivacité.—Combien je m'étais trompée sur la nature des soupirs du bon frère! Je croyais parler à un homme et j'avais rencontré un ange!

XXXVIII.

Mai 183...

Quand la victoire jetait à pleines mains des couronnes sur le front de la république vénitienne, quand elle devait aux armes de ses guerriers d'opulentes conquêtes, elle en devait aussi de non moins glorieuses aux arts, que dans son sein faisait fleurir le génie de ses enfans.

Quand ses flottes couraient de l'Istrie en Egypte,

20.

du Don à la Tamise, de Trébisonde à Anvers ; quand ses navigateurs découvraient des mers et des mondes nouveaux qui agrandissaient son empire ; quand tant de royaumes tributaires, tant de contrées asservies, versaient dans son trésor le prix de la victoire, ses peintres écrivaient sur le marbre de ses palais, sous les portiques de ses temples, l'histoire de ses triomphes ; ses écrivains, ses littérateurs, ses poètes fondaient des académies, et parmi elles brillait au premier rang l'université de Padoue, sur laquelle tant de noms fameux ont jeté un lustre qui ne périra pas !...

La victoire a fui ses drapeaux, Venise a tendu ses mains aux fers d'un maître, elle a perdu les conquêtes dues à ses armes ; mais elle a gardé celles des arts et de l'intelligence. Ses bibliothèques et ses musées sont riches encore de manuscrits précieux et d'ouvrages, qui font l'admiration du monde civilisé.

Venise régna long-temps par la puissance de ses flottes et de ses armées, par l'habileté de sa politique ; la politique et la victoire l'ont trahie ensemble, elles ont brisé son diadème royal ; mais celui qu'elle tenait des arts, n'est point encore devenu la proie du temps, ni des outrages de ses vainqueurs. Aujourd'hui elle dérobe ses misères, elle cache son abaissement sous des chefs-d'œuvre et des trophées.

Nous voici au Musée, au sein de cette école, qui fut le berceau des plus beaux génies, et des plus grands maîtres de l'Italie. Là, se pressent les noms fameux des Palma, des Titien, des Tintoret et des Paul Véronèse ; là se déploient les admirables fruits de leurs veilles !... Que de pages sublimes ! que d'ouvrages merveilleux ! La louange, telle hyperbolique qu'elle puisse être, restera toujours au-dessous de ces chefs-d'œuvre.

Plusieurs tableaux, peints par Bellini au quatorzième siècle, dont l'un représente *la Vue du pont Rialto*, et les autres deux *Processions à l'église Saint-Marc*, fixèrent long-temps notre attention. Ils ont cela de curieux pour l'époque actuelle, qu'ils sont la tradition fidèle des costumes et des mœurs du temps. C'est la toge magistrale, l'habit de l'homme de guerre, celui des diverses corporations, et les gais travestissemens si communs à Venise, en ce temps où le masque était en usage pour toute l'année, lorsqu'avec lui on entrait au conseil, qu'il prêtait son mystère aux personnes religieuses dans leurs plaisirs mondains; toujours sacré, inviolable, il était pour tous la sauve-garde la plus sûre.

Je me plaisais, à la vue de ces pages vivantes, à ces scènes pleines d'actualité ; je me plaisais, dis-je, à repeupler la place de Saint-Marc de ces anciens nobles, de ses courtisanes élégantes, de ses alertes gondoliers, de ses joyeux dominos, et je rendais ainsi à la ville, qui se repose aujourd'hui dans sa majesté endormie, tout le mouvement, toute l'agitation, tout l'enivrement de ses beaux jours.

Voici un tableau du Titien fait à l'âge de quatre-vingts ans : que de puissance de génie, que de verdeur d'imagination! que de vigueur de pinceau dans un âge si avancé! la vieillesse n'avait pas refroidi les hautes pensées de l'artiste ni affaibli son mâle talent. Près de ce bel ouvrage, se montre le dernier tableau du même maître, c'est une *Descente de Croix*. La mort arrêta sa main avant qu'il n'eût achevé son œuvre. Que d'attendrissement on éprouve à la vue de cette grande composition, suprême adieu, dernière inspiration d'un génie immortel !...

Je dus payer un long tribut d'admiration aux productions du Tintoret et de P. Véronèse. Celui-ci, dans l'une d'elles, a représenté *les Convives de la maison de Levis*; il s'est placé lui-même au premier plan.

On sait que ces deux grands maîtres s'étaient rendus célèbres par les folies inouïes de leur vie licencieuse; le dernier termina ses jours dans un couvent: et ne dut qu'à son talent de ne point mourir sous les verrous. Malgré le désordre de leurs mœurs les peuples de l'Italie, qui déifient les arts, les regardent encore comme des demi-dieux.

Une observation frappante et à laquelle il ne faut pas négliger de s'arrêter, c'est le pas immense que l'art fit du quatorzième au quinzième siècle. C'est à cette époque de la renaissance que paraissent les Bonifacio, les Palma, les Bassano, les Titien, les Tintoret et les Paul Véronèse. L'Italie se couvre de leurs chefs-d'œuvre. Quel autre âge a produit à la fois des hommes d'une imagination si riche, d'un génie si vaste!...

Nous passâmes ensuite dane une salle qu'on pourrait appeler le sanctuaire du Musée, car elle contient la plus belle page du Titien, de ce chef de l'école vénitienne : je veux parler de l'*Assomption de la Vierge*, tableau qui, resté long-temps dans la partie la plus élevée de la voûte d'une église, est aujour-d'hui mieux apprécié. Cette composition du premier ordre occupe maintenant une place où l'œil en saisit tous les beaux détails. La Vierge s'élève vers le ciel, soutenue par des anges, qui devant elle abaissent leur front radieux... Quelle variété d'expressions et de ca-ractères dans les diverses figures de ce cadre; jamais le maître ne s'est montré plus coloriste, jamais il ne s'est mieux identifié à son sujet.

Dans la même enceinte, on remarque de belles peintures du Tintoret : le *Meurtre d'Abel*, *Adam et Eve*, et *saint Marc délivrant un esclave*, im-mense tableau plein de vigueur et de puissance.

Voici encore..... Mais je m'arrête : de mes notes je ferais un in-folio, et comment varier à l'infini l'expression de mon enthousiasme. Je craindrais, en poursuivant, de me donner le ridicule de ces *ciceroni*, qui vantent régulièrement et dans les mêmes termes les objets qu'on leur a dit être beaux, et qui sont inscrits numériquement sur le tableau itinéraire de leurs promenades scientifiques.

Je me tais donc ; je me borne à dire que, dans le Musée de Venise, tout est digne d'admiration, et que tous ceux de l'Europe lui enviraient les trésors dont il est largement pourvu.

Venise est plus riche en églises que les autres villes de l'Italie et dispute presque, sous ce rapport, la priorité à Rome. En raison des admirables tableaux, des ouvrages de sculpture qu'elles contiennent, elles pourraient être considérées elles-mêmes comme de véritables musées.

La république vénitienne, formée d'un grand nombre d'îles, avait un nombre égal de paroisses ; elle possédait soixante-douze églises métropolitaines, indépendamment de celles que la piété publique ou particulière avait fondées sous l'invocatiou spéciale de quelques saints.

Je ne sais combien de ces basiliques sont encore debout; je m'occuperai seulement en quelques mots de celles que j'ai visitées aujourd'hui à la sortie du Musée.

Notre gondole nous descendit d'abord à *Saint-Jacques de Rialto;* c'est la plus petite église de Venise, mais aussi la plus ancienne et, par cela même, digne d'un intérêt particulier. C'est le premier édifice construit en pierre dans cette ville qui devait, plus tard, en contenir de si nombreux et de si splendides. Son origine remonte à l'année 421, époque de la fondation de Venise même.

Entiopo Condiotto, maître de barque, avait construit sur le *Rialto* une maison en bois, le feu y éclata pendant la nuit. L'incendie fut rapide et violent, *Condiotto* ne pouvant parvenir à l'arrêter, se prosterna en terre, invoqua les secours du ciel, et fit vœu de bâtir une église en ce même lieu si Dieu venait à son aide. Une pluie soudaine survint et l'habitation du pêcheur fut sauvée. Fidèle à sa promesse (car peut-être alors ne savait-on pas encore le proverbe devenu si fameux : *Il péricolo passato, il gabato santo*). En-

tiopo jeta sur une partie du terrain qu'occupait sa demeure, les fondations d'une chapelle qui fut achevée l'année suivante, et l'on tira un heureux augure du nom du prêtre qui le premier y célébra les saints mystères : il s'appelait *Felice*.

En 1071, le doge *Dominico Selvo* fit restaurer cette église et la dédia à Saint-Jacques. Elle fut encore réparée en 1531 par les soins de *Natal Reghia*, et enfin en 1601, le sénat ordonna son entière reconstruction, en lui conservant néanmoins sa forme primitive. Les gondoliers de *Peschieria* et *de l'Erberia* sont ceux qui la fréquentent le plus habituellement; cependant tout Venise y vient en pèlerinage le jour du jeudi-saint, à cause de l'indulgence plénière qui lui a été concédée par le pape Alexandre III.

De là nous allâmes à *Saint-Jean et Paul*; commencé en 1246, elle ne fut inaugurée qu'en 1430, sous le doge *Francesco Foscari*. Construite en briques rouges, elle offre à l'œil des sculptures d'un travail exquis, la rosace à jour entre autres qui se dessine dans le portail est du meilleur effet. Sa façade, simple et gracieuse, donne sur une place que décore un très beau monument équestre élevé en l'honneur de *Bartolomeo Collioni*, célèbre général qui fit un des premiers usage du canon. *Saint-Jean et Paul* est le panthéon de Venise les plus grands citoyens y ont leurs sépultures, mausolées de marbre ou de bronze où toute l'histoire de la république est gravé dans des inscriptions latines. *Pietro Mocenigo*, *Marco Antonio Bragadino*, *Alvise Micheli*, *Michele Morosini*, *Leonardo Loredano*, *Antonio Veniere*, *Pasquale Malipieri*, *Tomaso Mocenigo*, dorment tous là entourés de morts non moins illustres qu'eux.

Une foule de tableaux religieux et historiques décorent l'intérieur de cette église, le plus beau de tous est un *Saint Pierre martyr*, chef-d'œuvre du Titien (1).

Dans l'église du Rédempteur, *Palladio* a épuisé toutes les ressources de son imagination, tous les prodiges de son art; disposé en croix latine, ce beau

______

(1) Napoléon en avait enrichi le Musée qui porta son nom. Il a été rendu à sa première place en 1815.

monument se déploie sur les bords du canal de la Giudecca.

Les restes mortels du Titien recommandent l'église de *Sancta Maria dei Frari* aux hommages des artistes autant qu'aux respects des fidèles. Quelques mots sont gravés sur sa tombe : les génies de son ordre n'ont pas besoin de fastueuses épitaphes pour se rappeler au souvenir des hommes !

C'est dans ces temples saints que, dans les premiers temps, s'assemblaient les magistrats, que les malades venaient chercher une guérison à leurs maux, que les citoyens déposaient leurs richesses, que les criminels trouvaient un asile. C'était tout à la fois un prétoire, une piscine, une trésorerie, un refuge inviolable. Dieu inspirait les uns, soutenait les autres, veillait sur la fortune de ceux-là, protégeait la vie de ceux-ci. C'était bien un temple dans toute la pensée chrétienne : Dieu s'y montrait puissant et miséricordieux

VENISE.

XXIX.

Mai 185...

Je n'imagine point de plus magnifique spectacle,
que celui qui se déroule à la vue du faîte de la campanille de Saint-Marc; de là, Venise étale aux
regards tout le luxe de ses édifices, tout l'imprévu,
toute la riche harmonie de leurs caractères divers. Là,
c'est le moyen âge avec ses rubans ciselés, ses den-

telles de marbre et de pierre ; ici, c'est l'Orient avec son élégance pittoresque ; ailleurs, c'est la Grèce dans sa pureté sévère ; plus loin, c'est l'Italie moderne, gracieuse et coquette ; et tout ce mélange prodigieux forme le tableau le plus varié que l'imagination puisse attendre des créations humaines.

Venise au front d'or, aux pieds de marbre et de porphyre, flotte et se balance au sein de ses lagunes, elle se mire avec orgueil dans leurs eaux, et commande aux îles qui flottent autour d'elle. Oui, c'est un magnifique spectacle ; le pinceau seul doit essayer d'en esquisser quelques épisodes.

Je vois au premier plan le temple de Saint-Marc dont le soleil fait étinceler les brillantes coupoles ; près de lui, le palais Ducal déploie le prestige de son architecture mauresque ; dans un plan plus reculé, les clochers, les minarets, les colonnades, s'élancent dans l'air, s'étendent sur la rive ou se dessinent gracieusement sur les bords des canaux.

Quelles mains ont pu asseoir ces grands édifices sur la mobile face des eaux? C'est sur la même vague qui porte les navires, que s'élève cette ville, reine superbe!

Chacun de ces monumens est une victoire de la puissance de l'homme, aussi grande, aussi précieuse que s'il eût conquis une province aux lois de la mère-patrie.

Le bourdonnement confus des voix humaines arrive à peine jusqu'à moi, il se perd dans le vide, et la cité, où le bruit d'une roue ne se fait jamais entendre, où le pas d'un cheval n'a jamais résonné, reste comme endormie dans un silencieux repos.

Du haut de ce belveder, mes regards planent encore sur le désert des lagunes, sur les îles éparses; ils suivent les contours vaporeux des Alpes, ou bien encore, cherchent du golfe Adriatique l'horizon incertain...

Où sont ces jours de gloire, où les forces maritimes, principal levier de la puissance de la république, s'ébranlaient sur cette mer et allaient jeter au loin l'épouvante; où sont ces temps où les flottes des Dandolo, des Pisani, des Morosini, revenaient triomphantes et rentraient au port, chargées d'un précieux butin, répandant à leur retour la gloire et l'opulence au sein de Venise, qui saluait avec transport l'arrivée de ses heureux enfans!...

Où sont ces jours de fête où les flots frémissaient joyeux sous les flancs du *Bucentaure*, et sous les mille gondoles qu'une brillante *regatta* réunissait sur le même point? La veille, toutes les cloches retentissantes annonçaient aux habitans la fête du lendemain. Le grand canal était le champ clos qui servait à ces joutes; ses eaux étaient la mobile arène de ces combats populaires. Les marbres des palais s'égayaient sous les diverses couleurs de mille banderoles flottantes; les terrasses, les balcons à ogives donnaient asile aux beautés de Venise, qui recevait un nouvel éclat de leurs riches et élégantes parures; et quelquefois aussi, le masque capricieux jetait sur ce brillant essaim tout l'attrait et tout le piquant du mystère. D'alertes gondoles resplendissantes de soie, de velours et d'or, guidées souvent par leurs maîtres orgueilleux, s'agitaient ensemble, fendaient l'onde comme le caillou lancé par le frondeur vigoureux, et se ruaient pêle-mêle, luttant de luxe et de vitesse. Bientôt le vainqueur recueillait le prix du triomphe au bruit du canon et des acclamations tumultueuses de la foule, qui se mêlaient aux symphonies d'une musique harmonieuse et brillante.

Jours d'enchantement et de gloire qu'êtes-vous devenus?..... Maintenant, à peine si quelque barque laisse un sillon solitaire sur les eaux des lagunes : plus de cris, plus de joie ; la timide barcarole du pêcheur, qui pleure aussi le deuil de la patrie, a remplacé les chants de victoire et d'amour!...

Venise est morte sous des vêtemens de marbre. On dirait une reine sous son manteau d'hermine, le front ceint du diadème, étalant sur son lit de parade les pompes orgueilleuses de la royauté, et ne pouvant plus soulever de sa main glacée le sceptre qu'elle tient encore !...

Ici trop d'émotions vous oppressent! Quittons ces hauteurs d'où se révèle trop à nu l'histoire de ce peuple humilié; d'où l'on descend trop profondément dans les misères de ses destinées !,..

Notre gondole nous conduisit au palais Manfrini.

Un vaste escalier de marbre s'ouvre devant nous. En franchissant ses degrés, nous pénétrâmes dans de somptueux appartemens, dont les murs sont revêtus d'ornemens et de dorures. Partout des peintures des maîtres de l'école, et l'œil en saisit avec admiration les brillans effets ; de larges miroirs, richement encadrés, remplissent les intervalles laissés vides par les chefs-d'œuvre, des draperies de velours et de soie frangées d'or complètent cette royale magnificence.

Du palais, nous nous rendîmes à l'arsenal jadis si menaçant, où se forgeaient tant de foudres de guerre, où retentissait le bruit de l'enclume qui gémissait à toute heure sous les pesans marteaux ; maintenant, plongé dans le silence et le délaissement, il n'offre plus que des ruines.

Voilà les deux lions du mont Hymette, rapportés d'Athènes par Morosini ; ils veillent à la porte de l'arsenal, où la Victoire ne vient plus déposer les armes des peuples vaincus. Ces lions, sentinelles glorieuses à qui semblait être confiée la garde de ce noble dépôt, sont eux-mêmes gardés à leur tour par la sentinelle autrichienne.

On trouve encore dans le musée quelques trophées historiques, entre autres le drapeau amiral, conquis sur la flotte musulmane, à la bataille de Lépante. Mais la plupart sont allés grossir les collections d'armures du musée de Vienne.

Plus loin je vois le fameux Bucentaure privé de ses ornemens nuptiaux qui ont disparu avec les doges et leurs royales fiançailles; ses restes honteux se cachent dans une retraite ignorée, jusqu'au moment où ses derniers débris réduits en poussière, ne réveilleront même plus un souvenir!.....

C'est avec un véritable serrement de cœur qu'on parcourt aujourd'hui cet arsenal, l'un des plus beaux de l'Europe et qui fut le plus respectable monument de la puissance vénitienne. Aujourd'hui, c'est un colosse que la vie a abandonné, l'on est tenté de s'écrier ici avec le poète immortel :

Nessun maggior dolore
Che ricordarsi del tempo felice
Nella miseria.

XL.

Mai 183...

Suivant l'usage de la plupart des étrangers qui font quelque séjour à Venise, nous avons un gondolier d'adoption. Il se nomme *Giovanni.* Il y a dans son maintien, dans toute sa personne, quelque chose de franc, de décidé, d'intelligent qui nous a plu dès le premier abord. Son regard annonce une ame généreuse et ferme, son sourire est fin, sa manière de conter est vive ; il y a dans ses récits une poésie naturelle qui étonne et qui attache tout à la fois. Sa gaîté habituelle s'altère s'il vient à parler des malheurs de Venise ; alors seulement son front s'obscurcit, on y lit la profonde mélancolie, le deuil qui naît d'un sentiment de patriotisme. Cet homme regrette l'ancienne gloire de son pays, il souffre de son abaissement. Le peuple ici, sous l'apparence d'une insoucieuse indolence, nourrit le vague espoir d'un meilleur avenir ; sa haine contre ses nouveaux maîtres fermente en secret. Il y a encore du sang romain dans ces cœurs-là !

Un jour je l'engageais à nous redire quelques chants du Tasse. « Tant que Venise sera esclave, reprit-il, « ses fils ne chanteront plus ». Cependant il céda à demi à ma prière : il ne chanta point, mais il me récita quelques stances du Tasse et du Dante, en choisissant de préférence celles qui pouvaient faire allusion à la situation actuelle de Venise. Il le fit avec une telle chaleur, avec un sentiment si vrai, si profond, que par sa voix, la liberté enchaînée semblait dire, que le jour n'était pas loin où ses fers seraient brisés, et où les peuples vengés reprendraient leurs droits méconnus.

Nous avions cru remarquer dans quelques circonstances qu'une invisible main prévoyait ses besoins, devinait ses désirs. Chaque matin, elle déposait dans sa gondole les alimens de la journée, simples, mais apprêtés avec soin. Si le ciel se couvrait de nuages, elle plaçait dans cette même gondole le caban des pêcheurs qui devait le garantir des effets de l'orage. Il y avait dans tout cela une sollicitude de mère, de sœur ou d'amie ; c'était un secret de femme.... Nos fréquentes observations le faisaient sourire, toutefois il ne se trahissait pas.

Mais je l'entends, sa gondole approche, nous allons parcourir la ville et le grand canal. *Giovanni* sera à la fois notre guide et notre cicerone. Je me promets un grand plaisir de cette course nautique.

Nous partons ; notre gondole glisse avec la légèreté de l'hirondelle, qui effleure à peine de son aile la surface de l'eau. Nous voici bientôt sur le *canalazzo* (1).

(1) Grand Canal, qu'on appelle aussi canal Reggio.

Les plus magnifiques édifices se déploient à nos regards; leurs pieds se baignent dans les eaux calmes et silencieuses, tandis que leurs façades gothiques, leurs colonnades légères et leurs frises dentelées se détachent sur un ciel d'azur. Les uns, par leur architecture pure et gracieuse, rappellent l'âge de la renaissance; les autres, le style mauresque et bizantin dans toute leur originalité.

Jadis, dans ces palais de rois, le porphyre et l'or, les riches tentures blasonnées, les meubles précieux, les marbres rares étalaient à l'envi leur magnificence; ils n'y sont plus, mais les annales de leurs altiers possesseurs y sont demeurées tout entières, tracées en larges traits par les Titien et les Tintoret.

J'admirais attentivement ces demeures monumentales, où les noms de Palladio, de Sansovino sont inscrits sur chaque pierre, lorsque soudain notre gondolier s'arrêta, et s'inclina profondément devant un des plus vieux palais qui s'élèvent sur la rive droite. C'est un des quatre que possédait l'illustre famille de Mocenigo, qui a donné sept doges à la république. Mais un nom, peut-être plus fameux que celui de ces

doges, a jeté sur ses vieux murs un lustre nouveau :
c'est là que demeura lord Byron, et la vieille gloire
de l'édifice se rajeunit de la gloire du poète im—
mortel.

Byron, pendant son séjour à Venise, s'était fait une
réputation tout à fait populaire. La haute société le
recherchait avec avidité, les sociétés savantes l'ac-
cueillaient avec transport, le peuple s'entretenait de
ses aventures galantes, s'intéressait à ses intrigues
amoureuses, à leurs vicissitudes et à leur brusque
dénouement.

Notre gondolier, en retenant toujours sa rame immobile, nous montrait le palais et semblait atten—
dre de nous quelques questions sur le motif de son
inaction. Nous le comprîmes, et soudain, avec une
émotion chaleureuse, il nous conta quelques anec-
dotes de la vie privée de *Mylord*. Je regrette de ne
pouvoir les reproduire ici avec la couleur pittoresque
qu'elles avaient dans la bouche du gondolier.

La manière de vivre de Byron était assez bizarre :
il se levait à midi, prenait un bain chaud, puis montait sa gondole qui le conduisait au Lido; là toujours,

des chevaux fougueux l'attendaient, et ces champs lui servaient d'arène pour exercer son adresse et son agilité. Epuisé de fatigue, couvert de poussière et de sueur, il se jetait dans la mer suivi de sa gondole, et nageait jusqu'au palais où un autre bain lui était préparé. Il prenait alors un léger repas, puis se rendait au théâtre. En sortant du spectacle il se montrait chez les comtesses Albrizzi, Guiccioli et Benzoni; c'est pour cette dernière qu'on a fait cette gracieuse barcarolle : *La biondina in gondoletta*. Il se retirait à une heure du matin, écrivait jusqu'à huit ou neuf, se couchait enfin, et recommençait le lendemain, ou plutôt le jour même, la vie de tous les jours.

Ses aventures galantes dans tous les genres, acquirent dans Venise une telle publicité, qu'elles devinrent bientôt l'aliment des récits populaires ; aussi notre gondolier nous conta-t-il littéralement les amours de cette fameuse Margarita, qui, en dépit de son mari, était venue s'établir dans le palais même de Byron, et qu'ont rendue célèbre, et la violence de sa passion et les écarts de sa jalousie soupçonneuse.

Un soir, c'était en 1817, les habitans de Venise

donnaient au théâtre de la *Fenice*, un bal masqué à leur nouveau maître, l'empereur François II. Byron, dans une sorte d'extase, contemplait avec ravissement le coup d'œil magique de cette fête, qui réunissait toute l'élite de la noblesse vénitienne. En ce moment, un masque s'approchait de lui par derrière et se disposait à lui donner un soufflet, quand une personne placée près de lui s'en aperçut assez tôt pour arrêter l'insolente main de l'assaillant.

Le masque, entraîné hors de la salle du bal par Byron et par l'inconnu qui venait de lui épargner un affront, se fit aussitôt reconnaître : c'était Margarita, qui, délaissée par l'infidèle, repoussée du palais, où elle avait régné en maîtresse, venait se venger de ses mépris amers. En la reconnaissant, Byron, avec le sourire sur les lèvres, laissa tomber négligemment ces paroles : *C'est un bel animal, mais un animal intraitable.*

Une autre fois, elle fit une grave insulte à une dame d'une des premières familles de la ville; Byron s'en plaignit à la coupable. *Basta*, reprit la fougueuse Margarita, *basta, ella è dama, io son Veneziana.*

Revenant un soir du Lido, par un effroyable orage, il trouva Margarita, haletante, échevelée, assise
sur les marches de son palais et trempée par la pluie,
qui tombait à torrens ; ses yeux étincelaient à travers
les larmes, dont ils étaient baignés, elle poussait des
cris de rage et de douleur : « *Can della madona*
lui cria-t-elle en l'apercevant, *esto non è tempo
per andar al Lido* !... Et elle courut se renfermer
dans sa chambre pour donner un libre essor aux
transports de sa fureur. Fatigué des violences sans
cesse renaissantes de cette impétueuse favorite, Byron
se vit dans la nécessité de la chasser de son palais, et
c'était sans doute dans l'intention de le punir de cet
outrage, qu'elle voulait le frapper à la joue en présence de cinq ou six mille témoins.

LES ARMÉNIENS.

XLI.

Mai 183...

L'île de Saint-Lazare n'est autre chose qu'une roche nue, que baignent les eaux des lagunes, où s'é-
lèvent les murs solitaires du couvent des prêtres arméniens, doctes et modestes savans, qui loin des in-

trigues du monde et de ses frivoles dissipations, con-
sacrent leurs longues veilles aux progrès de la science
et de la raison.

Tous les ouvrages des langues vivantes, les plus
utiles au développement de l'esprit humain, à la morale, à la législation, à la littérature, aux beaux-arts
comme aux arts industriels, fruits du génie et de l'é-
tude des auteurs dont le nom brille de quelque éclat
dans le monde savant, tous ces ouvrages, dis-je, sont
traduits en langue arménienne par ces pieux doc-
teurs. Leur couvent est devenu un sanctuaire où tous
les esprits réfléchis, les imaginations avides d'ins-
truction, trouvent à méditer et à s'enrichir ; c'est un
foyer de lumières dont les rayons divergens vont éclairer tous les peuples du globe, chez lesquels la civilisation n'est point un vain mot.

En ce moment, les pieux cénobites s'occupent de la
publication complète des historiens orientaux, et
non seulement ils ont rassemblé tous les documens
de ce vaste ouvrage, commenté, éclairci les passages
qui devaient l'être, rempli les lacunes par des rapprochemens et des inductions également justes, mais

encore ils se sont chargés d'imprimer eux-mêmes le résultat de leurs immenses travaux.

Ce n'est point par l'oisiveté d'une existence toute mystique qu'ils aspirent à mériter l'estime ou l'admiration des hommes. Ils ont jugé que le ciel leur avait donné une autre mission sur la terre, celle d'éclairer la société, de lui offrir de féconds enseignemens, et ils la remplissent avec cette conscience, cette aptitude que donnent seules la science et la saine philosophie.

Le couvent des Arméniens possède plus de quatre cents manuscrits orientaux, les plus précieux et les plus rares ; tous ces trésors furent mis sous nos yeux avec la plus exquise complaisance par le révérend don *Pasquale Aucher*, qui voulut nous accompagner dans la visite qu'hier nous fîmes à cette pieuse association.

Parmi plusieurs ouvrages traduits en arménien, nous en remarquâmes un grand nombre sortis de la plume de notre savant guide ; il paraissait ne plus se rappeler, dans sa modeste abnégation, qu'ils fussent de lui ; le titre seul de l'ouvrage nous révéla le nom de l'écrivain. Une Bible traduite en vingt-quatre langues, et une autre en arménien, qui a échappé à la poussière de six siècles, fixèrent particulièrement notre attention.

Le savant don *Pasquale* a donné pendant plusieurs mois des leçons de langue arménienne à lord Byron; il nous parla de son illustre élève en des termes qui nous firent comprendre qu'il avait su apprécier son vaste génie; l'on voyait que la poésie du chantre de Childe Harold, avait fait une vive impression sur l'esprit du bon religieux. Si quelque célébrité s'attache un jour à son nom, il s'imagine qu'il la devra moins à ses travaux, qu'à l'honneur d'avoir donné des leçons au poète dont la renommée ne mourra jamais!.....

Ici j'ai à payer une dette, celle de la reconnaissance. Remplie d'admiration pour la religion éclairée et la profonde science des vénérables habitans de ce séjour, je veux en consacrer la mémoire. Je veux encore que si ce livre échappe à l'obscurité qui lui est promise, que s'il tombe un jour entre les mains du révérend don *Pasquale*, il y trouve l'expression de ma gratitude pour son accueil plein d'urbanité. Sa vaste érudition, son esprit aimable, ses entretiens instructifs ont laissé dans ma pensée un souvenir que j'y garderai religieusement.

Près de saint Lazare, sur le *Lido di Palestrina*, nous abordâmes dans un lieu muet et abandonné ; c'est le coin de terre presque maudit, presque frappé d'anathème, qu'une charité qui se dit chrétienne et qui n'est qu'orgueilleuse et intolérante, a jeté aux juifs pour la sépulture de leur race. C'est là, dans cette enceinte, où la douleur craintive ne porte qu'un pas furtif, où la pitié généreuse n'ose se décéler, c'est là que dorment les restes des enfans d'Abraham.

Isolé, ouvert, ce lieu est exposé aux ardeurs dévorantes du sirocco, et aux morsures glacées des aquilons. Pendant une partie de l'année il est submergé sous les eaux de l'Adriatique qui y laissent en se retirant leur jaunâtre limon. Ici se confondent des milliers de pierres grossièrement taillées, elles semblent peser à cette terre inhospitalière, et sont prêtes à céder aux flots et aux vents qui leur livrent un double assaut.

Au moment où nous pénétrâmes dans ce champ funèbre, la nuit le protégeait de son ombre et promettait la paix aux mânes désolés qui errent dans ces tristes lieux. Une jeune et timide fille d'Israël se présenta à notre vue, tremblante, pâle, émue, elle me toucha : la douleur et la pitié sont de toutes les religions... Elle était agenouillée près d'une tombe, peut-être celle d'une mère!..... elle priait, et ses soupirs et ses sanglots que le silence du soir nous laissait entendre, brisaient mon cœur!... que de sympathie la douleur de son ame trouvait dans la mienne!... hélas! comme moi elle souffre! elle pleure! elle prie!...

Pauvre enfant! comme je la trouvais belle, comme j'aurais voulu pouvoir la consoler! — C'était le désespoir en présence de la mort et priant sur des ruines!...

J'ai gardé du cimetière des juifs un lugubre souvenir !

La lune, à notre retour, répandait sa languissante lumière sur la ville et sur les lagunes. Il y avait dans ses vagues reflets je ne sais quoi de triste qui s'harmonisait avec ma tristesse.

A cette heure tout était deuil et silence.....

VENISE.

XLII.

Mai 183...

Nous voici encore revenus au grand canal. L'autre jour, les récits épisodiques de notre gondolier sur lord Byron, ne nous laissèrent pas donner une attention assez exclusive aux palais historiques qui bordent les deux rives, et dont chacun évoque un grand souvenir. Veufs de leurs anciens maîtres, ils offrent à la vue leur magnificence tout à la fois éclatante et morne. On dirait les riches dépouilles d'une royauté morte. Leur luxe est celui que la vanité de l'homme attache aux tombes fastueuses des grands de sa race, et qui déguise le vide de la mort. — C'est encore ici une révélation puissante, énergique de cette pensée de destruction qui poursuit l'homme à son insu ; il y voit une menace qui lui rappelle sa propre fragilité.

Toutefois, si dans ces monumens superbes la morale cherche de sévères leçons, l'histoire y trouve des lumières, et les arts des modèles. — Tous les hauts faits du moyen âge sont écrits en caractères symboliques sous le péristyle des temples, sur les portiques et aux frontons des vieux manoirs. Ici, tout s'explique à l'œil, et avec ce charme, cette intelligence et cette animation que la sculpture et la peinture impriment à leurs œuvres : mœurs et usages, costumes, événemens, tout se retrouve écrit ou peint dans ces grandes pages de marbre.

C'est à Venise, plus que dans aucune autre ville de l'Italie, qu'on rencontre, sous ce rapport, d'inépuisables trésors; car les monumens sont encore entiers; le temps les a respectés. Ils n'offrent point de lacunes; c'est une histoire complète. L'œil scrutateur qui observe et qui interroge y lit facilement ce que les générations éteintes y ont écrit.

En commençant notre exploration, mes yeux s'arrêtèrent d'abord sur le palais de la famille *Pesaro*, dont le dernier rejeton trahit son pays lorsque le traité de Campo-Formio jeta Venise sous la domination de l'Autriche. Ce fut à ce *Pesaro* que le vieux doge *Luigi Manini* remit d'une main débile la couronne ducale; ainsi le pouvoir souverain devint le prix de la trahison; ainsi l'illustre race des Dandolo trouva un traître dans un de ses fils; ainsi le dernier descendant de ce valeureux doge, qui, dans l'hiver de l'âge, se montra le plus brave, le plus habile capitaine des croisés; qui, élu empereur d'Orient, ne demanda qu'à mourir sur le sol de la patrie; ainsi *Pesaro* oublia un précieux héritage pour conquérir un pouvoir éphémère qui devait imprimer à son front une honte ineffaçable.

Près de là s'élève le palais des *Foscari*. Ses antiques murailles tombent en ruines, la mousse et la ronce sauvage envahissent ses vénérables créneaux, l'eau bat injurieusement ses murs abandonnés. C'est là que vécut un sage, un homme dont les vertus patriarcales enseignèrent à ses compatriotes l'exemple de la soumission aux lois. Pur dans sa vie privée, *Foscaro*, dans sa vie publique, acquit une gloire qui remplit les plus belles pages de l'histoire de son pays. Cependant, un arrêt du conseil des Dix le dépouilla de la couronne. Son cœur brisé ne put survivre à cette offense, il s'éteignit ; mais sa bouche ne trouva pas une plainte contre ses bourreaux. Il expira pendant que les joyeux tintemens des cloches de Saint-Marc annonçaient au peuple l'élection de *Pasquale Malipieri*, indigne successeur du prince le plus vertueux de son siècle.

Un autre Foscari(1), exilé depuis cinq ans à Candie, sur le soupçon d'un assassinat qu'il n'avait pas commis, écrivit au duc de Milan pour le prier d'intercéder en sa faveur auprès de la république. Cette lettre ayant été surprise et remise aux Dix, qui la jugèrent

(1) Jacques.

criminelle, *Foscari* fut ramené à Venise, et déclara, au milieu des tortures, que le désir de revoir encore une fois sa famille et son pays, l'avait décidé à faire cette demande dans l'espoir qu'elle tomberait aux mains du tribunal, et que, dût-il exercer sur lui les effets de sa colère, il reverrait sa patrie, ne fût-ce que pour un seul jour!... Malgré ce touchant aveu, il fut impitoyablement jeté sur une galère, ramené à Candie, où il mourut dans les fers, pour un crime dont un autre (1) se déclara coupable avant de monter à l'échafaud.

Mais que reste-t-il d'un sang si noble? un fils, un dernier fils, qui, dans sa vie nomade et aventureuse, court l'Italie avec une troupe de bateleurs sous le masque d'arlequin.

C'est ici qu'il faut s'écrier avec l'Ecclésiaste : *Vanité des vanités, tout n'est que vanité !...* Oui, tout n'est que mensonges, tout n'est que vicissitudes; ainsi la liberté s'élève, grandit, règne; fille de la victoire et de la force, la gloire des armes la suit, l'opulence naît de ses triomphes,

(1) Nicolas Srecco.

mais l'opulence est la mère de la corruption, et la corruption flétrit tout, empoisonne tout; c'est par elle que s'éteignent les élans généreux, c'est elle qui met les principes en question, car elle ébranle toutes les croyances, elle fait faillir les hommes, elle sape les empires et consomme leur ruine. Tel est le résumé de l'histoire universelle des peuples!...

Tandis que je m'abandonnais à ces pénibles pensées, notre gondole marchait toujours; elle s'arrêta devant le pont *Rialto*, que je n'avais encore fait qu'entrevoir. C'est le plus remarquable de Venise, et celui dont le nom rappelle le plus de souvenirs. Son architecture est noble et hardie, et ses arcades de marbre sont du plus riche travail. C'est dans l'île de Rialto que Venise prit naissance.

Quelques pauvres pêcheurs de l'Adriatique, fuyant les fureurs d'Attila, vinrent chercher un asile au milieu des lagunes; c'est dans l'île de Rialto que s'établit cette colonie d'exilés qui devait enfanter une nation puissante.

La fondation de la république de Venise remonte à l'année 421. Les soixante-dix ou soixante-douze îles dont elle se compose furent, pendant près de trois siècles, séparées les unes des autres, et gouvernées chacune par un tribun particulier révocable chaque année. Ce n'était alors ni une même ville, ni une même république; mais seulement une confédération de plusieurs îles voisines liguées ensemble pour résister aux invasions des barbares.

Mais aux tribuns succédèrent les doges. Cependant, en l'anné 1177, elle retomba sous le gouvernement démocratique. Ce ne fut qu'en 1298 que le pouvoir rentra dans les mains de la haute aristocratie, et que dès lors son gouvernement reprit toutes les formes de la royauté et du despotisme. Son doge, bien qu'il rappelât ce qu'était le prince du sénat à Rome, malgré la couronne et l'hermine de son manteau, jouissait de moins de liberté que le plus simple de ses citoyens (1). Entouré de tout le faste de la monarchie dans les cérémonies publiques, il n'en était pas moins le plus humble sujet de la république, et pouvait être déposé, n'eût-il même que le tort d'être vieux.

(1) Il ne pouvait quitter la ville sans la permission du sénat.

Venise possédait trois principaux conseils. Le premier, appelé *Grand-Conseil*, comprenait tout le corps de la noblesse, élisait presque tous les magistrats, faisait les lois. Le second, nommé *Pregadi*, c'est-à-dire, conseil *des Priés*, s'occupait des affaires de l'État, décidait de la guerre où de la paix, réglait les alliances et faisait les traités. Le troisième enfin, désigné sous le nom de *Collége*, composé de vingt-six seigneurs, recevait les ambassadeurs, et était auprès du sénat l'organe de leurs demandes.

Mais au-dessus de tous ces conseils, il y en avait un quatrième plus puissant qu'eux tous ensemble, et surtout plus terrible : c'était *le Conseil des Dix*, il jugeait de tous les crimes d'état ; il frappait le doge sur son trône, et le plus humble artisan dans le silence du foyer domestique. Formé de dix nobles, qui tour à tour choisissaient parmi eux trois inquisiteurs, il disposait de la fortune et de la vie des citoyens, sans avoir à en rendre compte qu'à Dieu seul.

La noblesse de Venise se divisait en quatre classes. Dans la première, entraient les familles des douze tribuns, qui furent les électeurs du premier doge de la république. C'étaient les *Contarini*, les *Moro-sini*, les *Badiiari*, les *Tiepoli*, les *Micheli*, les *Sancedi*, les *Gradenighi*, les *Memmi*, les *Fa-liero*, les *Dandolo*, les *Pizani* et les *Barozzi*. On appelait ces nobles maisons, celles *des douze apôtres*.

Dans la seconde division se trouvaient quatre fa-milles presque aussi anciennes que les précédentes; on les nommait les *quatre évangélistes*. Mais je n'étendrai pas plus loin ces détails en ce qui con-cerne la noblesse vénitienne; toutes ces distinctions prouvent assez combien la république cachait d'or-gueil aristocratique sous les formes mensongères de la démocratie.

Quand la conquête eut agrandi Venise, les chau-mières des pêcheurs se transformèrent en palais de marbre; quand elle eût soumis à ses lois, par le triomphe de ses armes, de sa politique, de ses négo-ciations, l'Istrie, Trévise, le Frioul, la Dalmatie, le Padouan, le Brescian, le Bergamasque, l'opu-lence changea les mœurs des vainqueurs: le luxe, les intrigues et les ambitions entrèrent chez eux avec les dépouilles des peuples vaincus.

Venise eut à soutenir de rudes guerres contre les Génois et les Turcs, et ses bannières humilièrent celles du Croissant et celles de la république, sa rivale en despotisme et en puissance.

Mais elle arrivait, par des victoires, à l'époque de ses premiers revers. Ils datent de 1719. La Morée, dont elle devait la possession à Morosini, surnommé le *Péloponésien*, lui fut arrachée, et soixante-dix ans plus tard, la vieille république, affaiblie, corrompue, désarmée, tomba sous le joug d'un maître.

Venise, au faîte de sa gloire, se montra ingrate, implacable même envers plusieurs de ses plus illustres citoyens. *Victor Pizani, Charles Zeno, Carmagnola*, et tant d'autres dont les noms, consacrés par les fastes de l'histoire, sont devenus chers à tous les cœurs généreux, furent en butte aux persécutions des Dix, et n'obtinrent que la torture, la prison ou l'exil, en retour des services éclatans qu'ils rendirent à la patrie.

A une époque plus rapprochée de nous, l'assassinat fut le seul recours de Venise contre les vainqueurs qui l'avaient épargnée. A Padoue, à Vérone, à Vicence, partout enfin où Venise commandait, les Français furent lâchement égorgés par quarante mille esclavons, que les cloches des églises et les sifflets des chefs appelaient à cette odieuse boucherie. *« Après « une trahison aussi horrible*, écrivait le général *« Bonaparte au Directoire, je ne vois plus d'autre « parti à prendre que celui d'effacer le nom « vénitien de la surface du globe ; il faut le « sang de tous les nobles de Venise pour « apaiser les mânes des Français qu'ils ont fait « égorger. »*

Mais Venise est tombée ; aucun cœur ne s'en est ému, et son deuil n'a trouvé, chez les peuples braves, libres et généreux, aucune sympathie !...

DÉPART.

XLIII.

Mai 183...

Adieu, Venise, adieu! ta puissance effacée
Pèse de tout son poids sur ma triste pensée,
Et de tes vieux palais le fastueux orgueil
N'a pu me dérober ni tes fers, ni ton deuil!
Le gondolier, muet au sein de tes lagunes,
Pleurant de son pays les longues infortunes,

Quand l'aube se réveille ou quand finit le jour,
Ne dit plus aux échos la vive barcarolle :
Il se tait... et la rive où touche sa gondole
Entend du Germain seul résonner le tambour !...

As-tu donc tout perdu sans espoir de retour ?
Non !... le sort est changeant, le temps fuit et s'envole,
Venise !... ils te rendront puissance, gloire, amour,
Et Saint-Marc reverra flotter sur ses coupoles
De tes doges fameux les vieilles banderoles.
Oui, tes heureux enfans, reprenant leur essor,
Jetteront sur ton front de nouvelles couronnes.
Adieu donc !... que Saint-Marc et tes chastes madones
Te protègent ensemble, et que ton Livre d'or
        De grands noms s'enrichisse encor ?...

Heur ou malheur, tout vient vite dans la vie. Pèlerins d'un jour, nous passons rapidement sur cette
terre où s'usent nos heures, d'avance comptées, en
misérables débats, en longs soucis, en frivoles projets, en déceptions sans cesse renaissantes.......

Marche, marche! a dit à l'homme l'Etre éternel!...

Marcher, oui, marcher toujours, sans savoir où il va, et ne connaissant du voyage que le but... un cercueil!... Telle est la destinée de l'homme!... Il va du midi au nord, de l'orient à l'occident pour chercher le bonheur qui le fuit, pour échapper à l'ennui qui toujours le presse, pour trouver l'oubli du passé ou les illusions du présent éphémère; et, fatigué d'inutiles soins, de courses vaines, il revient au point du départ, s'arrête, et meurt! . . . .

. . . .

Pour tromper une douleur qu'irritait la vue d'un lieu rempli de souvenirs bien doux et de regrets bien amers, moi aussi, je suis allée du nord au midi; moi aussi, j'ai voulu fuir le chagrin qui me tuait, j'ai voulu chercher dans une existence nouvelle l'oubli du passé.

Je suis venue demander à une contrée poétique des consolations puissantes : elle ne m'a donné que des distractions d'un moment!... elle n'a occupé que mon esprit, elle a laissé à mon cœur tout le sentiment de ses maux! Ah! c'est qu'il y a des pertes irréparables, des pertes qui flétrissent toutes les joies et brisent toutes les espérances !...

J'ai contemplé avec ravissement les belles campagnes de Naples ; j'ai étudié ses grandes ruines avec intérêt ; j'ai admiré la pompe de Venise : tout a eu pour moi l'attrait si vif de la nouveauté, et cependant, à la vue d'un si beau pays, de villes si magnifiques, de ruines historiques si imposantes, ma douleur ne s'endormait point. Loin de là, Pompéia ensevelie, Venise morte sous ses marbres fastueux, Pœstum, Pouzzoles, Cumes, Baïa, m'ont toujours dit d'une voix solennelle : L'homme est sujet de la mort, l'homme ne vit qu'au milieu des ruines, et lui-même ne sera bientôt qu'un mince débris !...

Avant de se reposer sur son lit de mort, il doit perdre tout ce qu'il aimait, tout ce qui fut son orgueil et sa joie. — Oui, tout est périssable en ce monde, hors la douleur qui survit à tout !...

Si telle est la destinée humaine, il me faut donc la subir, et je dois cesser de m'en plaindre. Ne trouvé-je pas dans des cœurs ingénus, dans de jeunes ames qui ont si bien compris les regrets de la mienne, d'ineffables consolations.

Chers enfans! vous qui m'avez suivie dans ce triste voyage, vous qui avez mêlé vos pleurs aux miens; oui, vous seuls pouvez me donner ce calme cette résignation, cet espoir qu'en vain j'attendais du bruit, du mouvement, de l'imprévu des splen—deurs de l'Italie.........

FIN.

www.ingramcontent.com/pod-product-compliance
Ingram Content Group UK Ltd.
Pitfield, Milton Keynes, MK11 3LW, UK
UKHW022057120726
13694UKWH00001B/191